갈보리채플의 특징들

갈보리채플 운동의 기본적인 원리들

척 스미스 지음
갈보리채플 출판부 옮김

갈보리채플 극동선교회 출판부

Calvary Chapel Distinctives
by Chuck Smith

© 2000 The Word For Today
Published by The Word For Today
Translated by permission of The Word For Today

TWFTK(The Word For Today Korea)는
성경은 하나님의 온전한 계시의 기록이라고 믿고,
성경 말씀을 온 세상에 가르치도록
훈련하는 기관입니다.
홈페이지: www.FarEastMission.org
전화: 041) 557-4607

Korean edition
© 2013 The Word For Today Korea
본서에 나오는 모든 성경 구절들은 킹제임스 흠정역
성경전서(2008)로부터 인용한 것입니다.

차례

머리말 ····· 5
서론: 목회에 대한 부르심 ····· 9

제1장 하나님이 보여주시는 교회의 모델 ····· 19
제2장 교회의 정치구조 ····· 29
제3장 성령의 능력을 힘입어 ····· 45
제4장 하나님의 방법으로 교회 세우기 ····· 55
제5장 은혜 위에 은혜 ····· 67
제6장 말씀의 우선권 ····· 83
제7장 예수 그리스도를 중심으로 ····· 91
제8장 교회의 휴거 ····· 103
제9장 성령으로 시작하여 ····· 139
제10장 사랑의 탁월함 ····· 155
제11장 균형 잡기 ····· 163
제12장 믿음의 모험 ····· 175

머리말

성경을 믿는 다른 복음주의적 교회들과 갈보리채플의 차이점은 무엇일까요? 우리의 공동체 안에서 하나님이 행하신 독특한 일들을 살펴보는 것은 항상 우리에게 유익한 일입니다. 만일 갈보리채플이 길 건너편에 있는 교회와 똑같다면, 두 교회를 합치는 것이 더 나을 것입니다. 그러나 만일 우리가 기존 교회들과는 다른 독특한 특징을 가지고 있다면, 우리는 하나님의 계획 안에서 독특하고 특별한 위치를 차지합니다. 물론 우리가 믿고 행하는 것들 가운데 많은 부분을 공유하는 교회들이 있습니다. 우리는 배교자들이 아닙니다. 다만 하나님은 갈보리채플 운동을 통해 놀라운 균형의 역사를 이루셨고, 그로 인해 우리는 많은 영역에서 기존 교회들과 다른 차이점을 갖게 되었을 뿐입니다.

많은 사람들이 성령의 은사와 사역을 믿지만, 성경적인 가르침을 강조하지도 않고, 또한 성령을 통한 경험들을 말씀에 비추어 보지도 않습니다. 또 다른 무리들은 하나님의 말씀을 가르치는 것은 강조하지만, 성령의 은사를 오늘날에도 받을 수 있고 또 그것이 여전히 유효하다는 관점에는 동의하지 않습니다. 하지만 갈보리채플에서는 하나님의 말씀에 대한 가르침과 성령의 역사에 대한 열린 마음 둘 다를 찾아볼 수 있습니다. 바로 이러한 균형을 통해 갈보리채플은 독특하면서도 아주 특별하게 복 받은 하나님의 운동이 된 것입니다. 그러므로 왜 하나님이 우리가 존재하고 또 성장하게 하시는지에 대한 큰 그림을 구성하는 성경적인 원리들을 이해하는 것은 참으로 중요합니다.

이는 모든 갈보리채플이 다 동일하다는 것을 의미하지는 않습니다. 하나님이 단순한 기본적인 요소들을 가지고 그토록 다양한 것들을 만들어 내시는 그분의 솜씨에 나는 항상 감탄하지 않을 수 없습니다. 기본적으로, 우리들 모두는 두 개의 눈과 하나의 코, 하나의 입과 두 개의 귀를 가지고 있지만, 모습은 다 제각각입니다! 사람들은 또한 서로 다른 정서적인 구조를 가지고 있습니다. 하지만 하나님은 모든 이들을 사랑하십니다. 하나님은 감정이 풍부한 사람도 사랑하시지만, 무디고 감정이 메마른 사람도 사랑하십니다. 이와 마찬가지로, 하나님은 모든 사람이 그분과 관계를 맺기 원하셨기 때문에 다양한 교회들을 세우셨습니다. 몇몇 교회들이 감정이 풍부한 사람들의 마음을 끄는 반면, 또 다른 교회들은 좀더 이성적이고 형식적인 성격을 가진 사람들의 마음을 끕니다. 하나님은 모든 종류의 사람들에게 다가가 그들에게 복 주기를 원하시므로 다양한 교회들이 세워지는 것을 즐기시는 것처럼 보이는데, 이는 감정이 풍부한 사람에서부터 형식을 중요시하는 사람, 그리고 이 둘 사이에 있는 사람, 이들 모두의 필요가 채워질 수 있기 때문입니다. 우리들 각자는 하나님의 계획 안에서 감당해야 할 각자의 역할을 가지고 있지만, 우리 모두는 이 넓은 스펙트럼 안에서 우리에게 맞는 위치가 어디인지 알 필요가 있습니다. 이것이 바로 갈보리채플의 특징들을 우리가 이해하는 것이 중대한 이유입니다. 우리의 공동체를 독특하게 만드는 것이 무엇인지 알게 될 때, 우리는 또한 그리스도의 몸 안에서 우리가 차지하는 위치를 더 잘 이해하게 될 것입니다.

서론

목회에 대한 부르심

"이 존귀는 아무도 스스로 취하지 못하며 오직 아론과 같이 하나님의 부르심을 받은 자라야 취할 수 있느니라."(히브리서 5:4)

"갈보리채플의 특징들"을 살펴보기 전에, 먼저 목회에 대한 부르심과 헌신이라는 주제를 고려해 봅시다.

효과적인 목회를 위해 꼭 필요한 한 가지 특징이 있다면, 반드시 먼저 소명감을 가져야 한다는 것입니다. 이는 하나님이 그분을 섬기도록 우리를 택하시고 부르셨다는 우리의 마음속의 확신입니다. 성경은 우리에게 하나님의 부르심과 택하심을 확신하라고 명령합니다. 당신은 하나님이 당신을 목회로 부르셨다고 확신합니까? 이것은 매우 중요한데, 이는 목회가 우리가 선택할 수 있는 전문적인 직업이 아니기 때문입니다. 그것은 하나님의 부르심이 있어야 하는 일입니다.

그렇다면 우리가 하나님의 부르심을 받았는가를 어떻게 알 수 있을까요? 부르심을 받은 자에게 목회란 선택 사항이 아닌 필연적으로 해야만 하는 불가피한 일입니다. 사도 바울은 그것을 다음과 같이 표현했습니다. "내가 복음을 선포할지라도 자랑할 것이 없나니 이는 필연적으로 내가 해야 하기 때문이라. 만일 내가 복음을 선포하지 아니하면 참으로 내게 화가 있으리로다"(고린도전서 9:16). 대언자 예레미야는 대언하는 일로 인해 너무 많은 어려움을 겪게 되자, 더 이상 대언하지 않겠다고 결심했습니다. 그는 투옥되기도 했고 생명의 위협을 느끼기도 했습니다. 하지만 그는 다음과 같이 말했습니다. "내가 다시는 그분에 대하여 언급하지 아니하며 그분의 이름으로 말하지 아니하리라 하였으나 그분의 말씀이 내 마음속에 타오르는 불 같아서 내 뼈 속에 사무치니 내가 참기에 지치고 가만히 있을 수 없었도다"(예레미야서 20:9). 목회는 이와 같은 종류의 부르심을 요구하는데, 이는 그것이 화려하지만은 않기 때문입니다. 때때로 극도로 어려운 시련을 견뎌내야만 합니다. 사도 베드로는 다음과 같이 말했습니다. "사랑하는 자들아, 너희를 단련하려고 오는 불 같은 시련에 관하여는 마치 이상한 일이 너희에게 일어난 것 같이 이상히 여기지 말고"(베드로전서 4:12). 비록 하나님이 당신을 목회 사역으로 부르셨지만, 그 부르심은 극한 시련을 거쳐야 함을 이해할 필요가 있습니다. 당신은 하나님의 부르심을 받았다고 어느 정도 확신합니까?

처음에 목회 사역으로 부르심을 받았다고 느꼈을 때, 나는 사역을 준비하기 위해 학교에 다녔습니다. 하지만 나는 밖으로 나가 사역을 시작할 필요가 있다고 느꼈기 때문에 학교생활에 어려움이 있었습니다. '지금 이 순간에도 예수 그리스도를 알지 못한 채 사람들이 죽어가고 있는데, 난 여기 이렇게 교실에 앉아서 교과서나 들여다보고 있다니…' 나는 사람들이 나를 기다리고 있다고 확신했습니다. 그러나 학교를 졸업하고 첫 목회지로 갔을 때, 나는 사람들이 나를 기다리고 있지 않았음을 깨달았고, 그것은 나에게 큰 충격이었습니다. 그리고 시련이 찾아왔습니다. 그것은 경제적으로도 어렵고 영적으로도 힘든 시기였습니다. 나는 즉각적인 결과와 그에 따른 흥분과 같은 내가 보게 될 것이라고 기대했던 사역의 열매들을 찾아볼 수 없었습니다.

당시 경제적인 압박감이 너무 커서 가족을 부양하고 목회를 계속하기 위해 취업하는 것이 불가피했습니다. 교회로부터 사례비를 받을 수 없었기 때문에, 사역을 시작하고 처음 17년 동안은 생활비를 벌기 위해 교회 밖에서 일을 했습니다. 이런 상황은 내가 하나님의 부르심을 받았다고 확신했기 때문에 더욱 견디기 힘들었습니다. 심지어 나는 그분의 부르심을 의심하거나 그분께 부르심을 철회해 달라고 요청하기도 했습니다. "하나님, 저를 사업가로 불러주십시오! 이 분야가 저에게 맞는 것 같아요. 돈 버는 거 그렇게 어렵지 않습니다. 게다가 주님, 제가 훌륭한 그리스도인 사업가가 될 수도 있잖아요. 그래서 교회를 재정적으로 지원하거나 사역자를 후원할 수도 있습니다." 그러나 그렇게 해보려고 몇 번 시도해 보았지만, 결국 하나님은 그분의 부르심을 피해 가도록 허락하시지 않았습니다. 하나님을 섬기려는 나의 열망은 계속해서 불타올랐습니다. 그렇습니다. 그것은 부르심에 대한 확신을 요구합니다. 우리는 각자 우리들 자신에게 다음과 같은 단순한 질문을 던져 볼 필요가 있습니다. "하나님이 정말로 나를 목회자로 부르셨는가?"

이러한 부르심에 대한 확신은 헌신에 대한 요구와 밀접히 연관되어 있습니다. 목회자에게 예수 그리스도의 주되심에 대한 헌신보다 더 중요한 자질은 없습니다. 나의 삶은 더 이상 나 자신의 야망이나 나 자신의 욕망이나 나 자신의 뜻에 따라 이루어지지 않고, 오직 그분의 뜻에 따라 이루어집니다. 나는 나의 삶을 그분께 바쳤습니다. 만일 내가 주님께 헌신한다면, 나는 또한 다른 이들을 섬기기 위해 그분의 말씀과 그분의 사역에 헌신할 것입니다.

섬김에 대한 올바른 태도를 가지기 위해서는 예수님의 말씀을 기억할 필요가 있습니다. "예수님께서... 이르시되, 이방인들을 다스린다 하는 자들이 그들에게 주인된 권리를 행사하고 그들의 큰 자들이 그들에게 권위를 행사하는 줄을 너희가 알거니와 너희끼리는 그리하지 말지니 너희 중에 누구든지 크게 되고자 하는 자는 너희를 섬기는 자가 되고 너희 중에 누구든지 가장 으뜸이 되고자 하는 자는 모든 사람의 종이 되어야 할지니라"(마가복음 10:42-44). 사역은 목회자라는 이유로 당신이 섬김을 받거나 대접을 받고, 영광을 받거나 존경을 받는 자리가 아니라는 것을 꼭 인식할 필요가 있습니다. 그것은 당신이 비상한 노력을 해야 함에도 불구하고 사실상 사람들을 섬기는 자리입니다.

최근에 목회자들의 회의에 참석할 기회가 있었는데, 그곳에서 나는 목회자들이 얼마나 게으르고 지저분한가를 발견하고는 놀라지 않을 수 없었습니다. 그들은 커피와 음료수를 회의장 안으로 가지고 들어오곤 했습니다. 그것은 문제될 것이 없는데, 다만 집회가 끝나자 그들은 마시던 캔과 잔을 그 자리에 버려두었습니다. 그래서 나는 그것들을 줍고 강당을 청소하면서 주변을 돌아다녔습니다. 나는 누군가 카펫 위에 놓인 커피 잔을 발로 찼을 때 어떤 일이 벌어질지 잘 알고 있었습니다. 나는 그 시설을 사용한 갈보리채플 사역자들에 대한 좋지 않은 증거를 남기고 싶지 않았습니다. 너무나 많은 사람들이 사역을 다른 이들을 섬기기보다는 섬김을 받는 기회로 바라봅니다. '음, 나는 사역자니까 누군가 와서 날 위해 이걸 치우겠지'라고 생각하는 것은 용어상으로도 모순일 뿐만 아니라 비성경적인 태도이기도 합니다.

나는 집에서 옷을 아무 데나 벗어 놓곤 했습니다. 마침내 아내가 다음과 같이 말했습니다. "여보, 난 당신의 노예가 되겠다고 하진 않았어요! 그것들은 당신이 직접 걸으세요! 왜 내가 따라다니면서 당신의 옷을 걸어 놓아야 하죠?" 곰곰이 생각해 보니 아내가 옳았습니다. 나는 그녀가 일일이 내 옷을 걸어 주기를 기대해서는 안 됩니다. 그것은 나에게 중요한 교훈이었습니다. 나는 다스리도록 부름을 받지 않았습니다. 나는 섬기도록 부름을 받았습니다.

십자가의 죽음을 앞두고 제자들과 함께 마지막 만찬을 드시던 날 밤, 예수님은 일어나 겉옷을 벗고 수건을 가져다가 허리에 두르셨습니다. 그분은 대야에 물을 부어 제자들의 발을 씻기시고 수건으로 닦아 주셨습니다. 그리고 나서 그분은 다음과 같이 말씀하셨습니다. "내가 너희에게 행한 것을 너희가 아느냐? 너희가 나를 선생과 주라 부르니 너희 말이 옳도다. 내가 그러하니라. 그런즉 너희 주와 선생인 내가 너희 발을 씻어 주었으니 너희도 서로 발을 씻어 주는 것이 마땅하니라"(요한복음 13:12-14). 사도 베드로 또한 다음과 같이 말했습니다. "참으로 너희가 심지어 그 일을 위해 부르심을 받았나니 그리스도께서도 우리를 위해 고난을 당하심으로 우리에게 본을 남기사 너희가 자신의 발자취를 따라오게 하셨느니라"(베드로전서 2:21). "목회"(ministry)라는 단어는 사실상 봉사를 의미합니다. 목회자들은 종으로 부르심을 받았습니다. 우리는 먼저 주님의 종이며, 또한 그분의 자녀들의 종입니다.

나는 개인적으로 담배를 피우는 사람들이 세상에서 가장 불결한 습관 중 하나를 가지고 있다고 생각합니다. 그들에게서는 항상 냄새가 나고, 그들이 가는 곳마다 냄새가 남아 있습니다. 그래서 담배를 피우는 사람을 알아내는 것은 매우 쉬운 일입니다. 그들과 나란히 걸어 보기만 하면, 이내 옷에서 담배 냄새를 맡을 수 있습니다. 그들이 사는 집을 방문해 보면, 커튼에서 나는 담배 냄새로 현기증이 날 정도입니다. 그것은 정말이지 불결한 습관입니다. 그런데 그보다 더 나쁜 것은 담배꽁초를 아무데나 버리는 것입니다. 이들은 보통 담뱃불을 끄기 위해 발로 담배꽁초를 비벼 대는데, 이로 인해 거리가 지저분해집니다. 사람들이 교회에 올 때, 많은 경우에 담배를 피며 교회 근처에까지 와서는 안으로 들어가기 전에 담배꽁초를 바닥에 버리고는 발로 비벼 끕니다. 누가 그것을 줍기로 되어 있나요?

어릴 때 나는 어머니로부터 담배에는 절대 손대지 말라고 배웠습니다. 나는 담배를 너무 싫어해서 지금까지도 담배꽁초를 주울 때는 불쾌감을 느낍니다. 담배꽁초를 줍기 위해 허리를 굽힐 때마다, 그것에 손을 대는 순간 나의 어린 시절부터 있었던 어떤 거부감이 나를 사로잡습니다. 정말이지 너무 싫었습니다! 교회 뜰을 거닐다가 담배꽁초를 보게 되면, 나는 그것들이 보기 싫어서 줍습니다. 그런데 그것들을 줍는 동안 나는 그것을 거기에 버린 사람의 잘못을 늘어놓았습니다. "더럽고 냄새나며 부주의하고 사려 깊지 못하며 생각 없는 사람들이라고."

그러고 나면 주님이 내 마음에 이렇게 말씀하십니다. "너는 지금 누구를 섬기고 있느냐?" "저는 주님을 섬기고 있습니다"라는 나의 대답에, 주님은 이렇게 말씀하셨습니다. "그렇다면 불평을 그치라." 그러므로 억울해 하는 마음으로 섬기지 마십시오. 분개한 마음을 가지고 섬기지 마십시오. 담배꽁초를 주우며 그것들을 버린 사람들을 생각하면, 나는 그 일을 하며 분개합니다. 하지만 "저, 주님, 제가 주님의 뜰을 깨끗이 청소할게요"라고 생각하면, 혐오감 없이 그것들을 줍고 청소할 수 있습니다. 왜냐하면 나는 예수님을 위해, 그러니까 다른 어느 누구의 인정을 받기 위해서가 아니라 바로 주님, 당신을 위해 그것을 하고 있기 때문입니다. 성경 기록 또한 우리에게 다음과 같이 명령합니다. "또 무엇을 하든지 말에나 행위에나 다 주 예수님의 이름으로 하며 그분을 힘입어 하나님 곧 아버지께 감사를 드리라"(골로새서 3:17).

목회에서 이보다 더 중요한 태도는 없습니다. 우리는 주님께 봉사할 필요가 있는데, 이는 사람들이 몹시 불쾌하다는 것을 발견하게 될 것이기 때문입니다. 우리는 종종 사람들이 감사할 줄도 모른다는 것을 발견하게 될 것입니다. 그들은 요구사항이 많고, 많은 경우에 상당히 불행합니다. 그래서 만일 당신이 "내가 그들을 섬겨야만 해"라고 생각한다면, 그것이 당신을 괴롭히게 될 것입니다. 그러나 만일 "나는 주님을 섬기고 있어"라고 생각한다면, 그것을 감당할 수 있을 것입니다. 어떤 식으로 주님을 섬기든 간에, 우리는 주님께 하듯 그것을 해야만 합니다. 이는 주님으로부터 당신의 보상을 받을 것이기 때문입니다.

사람들의 찬사를 기대하지 마십시오. "오, 감사합니다. 오, 제게 큰 도움이 되었어요."라고 사람들이 말해 주기를 기대하지 마십시오. 왜냐하면 너무나 자주 그런 일은 일어나지 않기 때문입니다. 나는 사람들을 위해 일하고, 일하고 또 일했지만, 내가 더 많이 도와주지 않았기 때문에 그들은 나를 가차없이 비난했습니다. 당신은 주님으로부터 보상을 받는다는 사실을 알고, 모든 것을 주님을 위해 한다는 정신적인 태도를 유지할 필요가 있습니다. 당신은 그것을 명심해야만 합니다. 나는 예수 그리스도의 종이며, 그분은 나의 주인이십니다. 그분이야말로 나의 섬김에 대한 보상을 주실 분입니다. 사람들을 섬길 때, 나는 이런 관점과 태도를 유지할 필요가 있습니다. 나는 그분을 위해 섬기고 있습니다.

우리는 예수님과 그분의 백성을 섬기는 일에 헌신해야 할 뿐만 아니라, 하나님의 말씀에도 헌신해야만 합니다. 성경이 성령의 감동으로 된 정확무오한 하나님의 말씀이라고 믿지 않는 사람은 목회에 참여할 권리가 없습니다. 슬프게도, 이러한 이유로 목회 자격을 박탈한다면, 아마도 미국에 있는 목회자들 가운데 절반이 자격을 상실하게 될지도 모릅니다. 왜 자신이 믿지도 않는 책을 근거로 가르칩니까? 만일 성경이 성령의 영감으로 된 하나님의 말씀이며 또한 그것을 전하는 것이 당신의 의무라고 믿는다면, 어찌하든지 그것을 배우십시오. 성경을 연구하는 일에 헌신하십시오. 사도 바울은 디모데에게 다음과 같이 말했습니다. "너는 진리의 말씀을 바르게 나누어 네 자신을 하나님께 인정받은 자로 부끄러울 것이 없는 일꾼으로 나타내도록 연구하라"(디모데후서 2:15). 성경연구 방법은 배울 수 있지만, 배우는 과정은 결코 끝이 없습니다. 오늘날까지도 나는 나 자신을 부끄러울 것이 없는 일꾼으로 나타내기 위해 계속해서 하나님의 말씀과 그 말씀을 연구하는 일에 헌신하고 있습니다.

제1장

하나님이 보여주시는
교회의 모델

"이 반석 위에 내가 내 교회를 세우리니…."(마태복음 16:18).

갈보리채플에서는 교회의 모델을 사도행전에서 찾습니다. 교회의 역사는 슬프고 비극적인 실패의 이야기로 가득 차 있습니다. 많은 끔찍한 일들이 교회의 깃발 아래 예수 그리스도의 이름으로 자행되었습니다.

대학에 다닐 때, 나는 매우 힘든 시간을 보냈는데, 이는 교수들이 내가 그리스도인인 것을 알고 내가 이미 알고 있는 교회사의 문제들을 끄집어내기 시작했기 때문입니다. 그럴 때마다 나는 이렇게 대답했습니다. "역사에서 볼 수 있는 불완전한 예들을 가지고 기독교를 판단하지 마십시오. 예수 그리스도를 보고 판단하십시오. 그분이 말씀하신 것과 가르치신 것으로 되돌아가 봅시다. 그분은 '긍휼을 베푸는 자들은 복이 있나니 그들이 긍휼을 얻을 것이기 때문이요'라고 가르치셨습니다. 이 말씀에 문제가 있나요? 그분은 우리가 서로를 사랑해야 한다고 가르치셨습니다. 이 말씀에 문제가 있나요? 그분은 받는 것보다 주는 것이 더 복되다고 가르치셨습니다. 이 말씀에 문제가 있나요?" 예수님의 기본적인 가르침에 대해 말하면, 회의론자조차도 아무 문제가 없다고 고백할 수밖에 없습니다. 문제는 스스로 그리스도인이라고 주장하는 사람들과 그들이 그리스도의 이름으로 행한 일들입니다.

요한계시록에서 예수님은 아시아에 있는 일곱 교회들의 문제점들을 언급하셨습니다. 심지어 이토록 이른 시기에도 예수님은 교회들에게 회개하라고 촉구하셨습니다. 그분은 교회들이 가지고 있는 결점들과 은밀하게 들어와 있는 거짓 교리들과 이미 교회 안에 부패의 씨앗을 심고 있는 관행들을 지적하셨습니다. 대부분의 교회가 이미 1세기말에 실패했습니다. 영지주의(Gnosticism)와 아리안주의(Aryanism)가 은밀하게 교회에 들어오기 시작했고, 성직의 발전과 교회 조직의 설립이 일찍이 시작되었습니다. 요한계시록에서 예수님은 교회들에게 보내는 그분의 편지에서 이 모든 것들에 대한 불쾌감을 표현하셨습니다.

이는 교회가 처음 형성된 지 육십 년이 채 되지 않았을 때입니다. 교회가 그토록 타락하고 냉담해지는 데는 그리 오랜 시간이 걸리지 않았고, 주님은 그런 교회를 토해 내려고 하셨습니다. 그것은 그분에게 구역질나게 하는 것이었습니다. 교회사를 살펴볼 때, 교회의 상황이 나아졌다고 생각되지는 않습니다. 오히려 교회는 훨씬 더 심각하게 악화되었습니다. 그래서 주님이 일곱 교회에게 말씀하신 것들이 오늘날 교회에게도 동일하게 적용될 수 있습니다.

그러므로 우리는 교회 역사 속에서 교회의 모델을 찾을 수 없습니다. 이는 마치 우리가 인류의 역사 속에서 인간에 대한 하나님의 거룩한 뜻을 발견할 수 없는 것과 같습니다. 인간은 타락했고, 그로 인해 거룩하고 이상적인 모습은 그 안에서 찾아 볼 수 없습니다. 교회도 마찬가지입니다. 교회의 역사 안에서 그것의 거룩하고 이상적인 모습은 더 이상 찾아 볼 수 없습니다.

그것은 다름 아닌 사도행전에서 찾아 볼 수 있습니다. 그것은 역동적인 교회였습니다. 그것은 성령의 인도를 받고, 성령의 능력을 힘입어 살아갔습니다. 그것은 또한 복음을 세상에 전했습니다. 오순절 성령 강림 이후 30년이 지나 골로새 교인들에게 보내는 서신에서 사도 바울은 다음과 같이 말했습니다. "또 너희를 위하여 하늘에 쌓아 둔 소망으로 인함이니 이 소망은 너희가 전에 복음의 진리의 말씀 안에서 들은 것이라. 이 복음이 온 세상에 있는 것 같이 너희에게 이르렀으며 너희가 그것을 듣고 진리 안에서 하나님의 은혜를 안 그 날부터 너희 안에서도 열매를 맺는 것 같이 열매를 맺는도다"(골로새서 1:5-6). 초대교회 성도들은 효과적으로 복음을 세상에 전했던 교회를 직접 경험했습니다.

사도행전을 보면, 우리는 그 안에서 하나님이 처음에 의도하셨던 교회의 모습을 찾아 볼 수 있습니다. 사도행전에서 찾아 볼 수 있는 교회의 모델은 성령으로 충만하고, 성령의 인도를 받으며, 성령의 능력을 힘입어 살아가는 교회입니다. 그곳에서 성령님은 직접 교회의 운영과 사역을 감독했습니다.

그렇다면 초대교회는 성령님을 얼마나 의지했을까요? 사도행전에서 우리는 성령님이 다음과 같이 말씀하시는 것을 찾아 볼 수 있습니다. "그들이 주를 섬기며 금식할 때에 성령님께서 이르시되 내가 바나바와 사울을 불러서 시킬 일을 위해 그들을 내게로 구별하라 하시니 그들이 금식하며 기도하고 두 사람에게 안수한 뒤 그들을 보내니라"(사도행전 13:2-3). 또한 사도 바울은 다음과 같은 표현들을 사용했습니다. "성령님과 우리는 이 필요한 것들 외에 다른 큰 짐을 너희에게 지우지 아니하는 것을 좋게 여겼나니"(사도행전 15:28), "그들이 무시아에 이른 뒤에 비두니아로 들어가려고 애쓰되 성령께서 그들을 허락하지 아니하시므로"(사도행전 16:7). 이들은 성령의 인도를 받고 성령의 안내를 받으며 성령의 지시를 구했던 사람들이었습니다.

사도행전 4장에서 우리는 그들이 언제 그리고 어떻게 극심한 핍박에 직면해서 하나님의 도움과 인도를 구했는가를 엿볼 수 있습니다. 성령님이 그들에게 임하여 그들이 담대하게 하나님의 말씀을 전하게 된 것이 바로 이 때였습니다.

초대교회는 네 가지 기본적인 기능을 가지고 있었습니다. 사도행전 2장 42절은 다음과 같이 말합니다. "그들이 흔들리지 아니하며 사도들의 가르침과 교제 안에 머물고 빵을 떼며 기도하더라." 믿는 자들의 모임을 만들어 발전시킬 때, 이와 같은 네 가지 기본적인 기능은 반드시 제도화해야 합니다. 만일 우리가 사도들의 교리를 가르치고, 그리스도의 몸 안에서 교제를 나누며, 성찬에 참여하고, 기도하기에 힘쓴다면, 우리는 하나님이 다른 모든 필요들까지 채워 주시는 것을 보게 될 것입니다.

주님은 분명히 사도행전에서 교회의 모든 것을 돌보아 주셨습니다. "주께서 구원받아야 할 자들을 날마다 교회에 더하시니라"(사도행전 2:47). 교회에 수를 더하는 것은 당신의 일이 아니라는 것을 절대 잊지 마십시오. 그것은 그분의 일입니다. 당신의 일은 양떼를 먹이고 돌보며 사랑하고, 또한 그들이 잘 지내는지를 살피는 것입니다. 작은 무리일 경우에도 이것은 마찬가지입니다. 주님은 이렇게 말씀하셨습니다. "잘하였도다. 선하고 신실한 종아, 네가 적은 것에 신실하였은즉 내가 너를 많은 것을 다스릴 치리자로 삼으리니 너는 네 주인의 기쁨에 참여하라 하니라"(마태복음 25:21). 당신이 적은 것에 신실하지 않는 한, 주님은 당신을 많은 것을 다스릴 치리자로 삼지 않으실 것입니다. 그러니 다음과 같은 생각은 하지 마십시오. "오, 여기에 천 명이 모인다면 얼마나 좋을까!" 혹은 "여기에 오천 명이 모인다면 얼마나 좋을까!" 당신의 교회에 속해 있는 여덟 혹은 열 명의 교인들을 섬기십시오. 그들을 신실하게 섬기십시오. 그들을 신실하게 양육하십시오. 그러면 주님이 날마다 구원받아야 할 자들을 더해 주실 것입니다. 교회의 크기는 당신의 관심사가 아니며, 또한 그렇게 되어서도 안 됩니다.

오늘날 대부분의 교회 프로그램을 살펴보면, 주요 목표가 교회에 수를 더하고자 하는 것입니다. 당신의 교회에 수를 더하는 방법을 보여주려는 성장 프로그램들과 세미나가 주변에 많이 있습니다. 하지만 그것은 아주 쉬운 일입니다. 교회가 성장하는 방법을 찾아내기 위한 세미나를 개최하는 데 드는 상당한 비용을 당신은 굳이 지불하지 않아도 됩니다. 다만 교인들이 말씀에 정통하도록 가르치십시오. 교인들이 기도에 전념하도록 만드십시오. 교인들이 교제와 성찬에 참여하도록 만드십시오. 그러면 주님이 날마다 구원받을 자들을 교회에 더해 주실 것입니다.

내가 어느 특정한 교파에 속해 있을 때 교인 수를 세기를 그만두었는데, 그것은 내가 했던 가장 현명한 일들 가운데 하나입니다. 그 교회는 항상 게시판에 알림표를 붙여 놓았는데, 이는 이번 주일과 지난 주일, 그리고 일 년 전의 출석률을 보여주었습니다. 교인 수는 계속 강조되었고, 사람들은 항상 출석률을 의식하게 되었습니다. "지난 주일에 비해서, 오늘 우리는 어느 위치에 있을까?" "일 년 전에 비해서 우리는 어느 위치에 있을까?" "이번 주 모든 교인의 위치는 어디일까?" "우리 부서의 위치가 떨어지게 된 이유는 무엇일까?" 사람들은 지속적으로 교인 수에 관심을 보였습니다. 교인 수를 세는 덫은 빠져 들기 쉬운 아주 끔찍한 함정입니다. 절대 그렇게 하지 마십시오! 다만 지금 교회에 속해 있는 교인들을 바라보며 다음과 같은 사실을 기억하십시오. "이들이야말로 오늘 내가 섬기도록 주님이 나에게 인도해 주신 사람들이로구나." 그들에게 당신이 가진 가장 좋은 것을 주고 그들을 진심으로 섬기십시오. 그들을 부지런히 섬기십시오. 당신이 신실하게 섬기며 당신 자신을 신실한 청지기로 나타낼 때, 주님은 당신이 돌보고 섬길 더 많은 사람들을 당신에게로 인도하실 것입니다. 그러므로 주님이 당신의 보호 아래 맡기신 사람들을 신실하게 섬기십시오.

사도행전에 따르면, 초대교회의 봉사 프로그램에 문제가 생겼습니다. 그리스 문화를 따르고 있던 과부들이 히브리 과부들은 특혜를 받고 있지만 상대적으로 자기들은 차별을 받고 있다고 느꼈습니다. 그래서 그들은 사도들을 찾아갔습니다. 사도들은 다음과 같이 말했습니다. "우리가 하나님의 말씀을 버려두고 상을 섬기는 것은 합당치 아니하니 그러므로 형제들아, 너희는 너희 가운데서 정직하다는 평판이 있고 성령님과 지혜가 충만한 사람 일곱을 찾아내라. 우리가 이 일을 그들에게 맡기고 오직 우리는 계속해서 기도와 말씀 사역에 전념하리라 하니라"(사도행전 6:2-4).

그러므로 하나님의 말씀은 기도와 더불어 초대교회의 사역에서 최우선 순위에 있었습니다. 그들은 하나님의 말씀을 가르치는 일과 교제[*koinonia*]와 성찬과 기도에 헌신했습니다. 그러자 "주께서 구원받아야 할 자들을 날마다 교회에 더하시니라"(사도행전 2:47). 교회가 하나님이 처음에 의도하셨던 모습을 유지하며 그분이 원하시는 일들을 행할 때, 주님은 그분이 교회를 위해 행하기 원하시는 일들을 해 주십니다. 그분은 날마다 구원받아야 할 자들을 교회에 더해 주실 것입니다.

사도행전에 따르면, 초대교회에서 하나님이 사용하셨던 사람들은 전적으로 예수 그리스도께 헌신된 사람들이었습니다. 그들은 자신의 영광을 구하지 않고, 오직 예수님께 영광을 돌리려고 애를 썼습니다. 사도들이 걷지 못하는 사람을 고친 후에 솔로몬의 주랑에 사람들이 몰려들었을 때, 베드로는 이렇게 말했습니다. "너희 이스라엘 사람들아, 어찌하여 이 일에 놀라느냐? 어찌하여 마치 우리가 우리 자신의 권능이나 거룩함으로 이 사람을 걷게 만든 것처럼 우리를 이토록 진지하게 쳐다보느냐? 아브라함과 이삭과 야곱의 하나님 곧 우리 조상들의 하나님께서 자신의 아들 예수님을 영화롭게 하셨느니라"(사도행전 3:12-13). 심지어 베드로도 대단한 기적을 일으킨 후에 그 영광을 받으려 하지 않았습니다. 그는 기적을 통해 주님께 영광을 돌리려고 사람들의 관심을 예수님께 집중시켰습니다.

하나님께 영광을 돌리는 것이 초대교회의 목적이었습니다. 하나님이 사용하셨던 사람들 또한 자신의 영광을 구하지 않는 사람들이었습니다. 이러한 사실은 내 마음을 무겁게 하는데, 이는 오늘날 사람들이 성공하기 위해, 자기 이름을 날리기 위해, 혹은 영광을 얻기 위해 애쓰는 모습을 너무 자주 보기 때문입니다. 그들은 카메라가 그들을 포착하고 그들이 각광을 받을 수 있도록 항상 어떤 위치를 차지하려고 애를 씁니다. 그러나 예수님은 오르는 길이 내려가는 길이라고 주장하셨습니다. "누구든지 자기를 높이는 자는 낮아지고 자기를 낮추는 자는 높아지리라"(마태복음 23:12).

그러므로 하나님의 나라를 위해 사십시오. 예수 그리스도께 영광을 돌리려고 노력하십시오. 그러면 주님이 당신을 사용하실 것입니다. 나는 내가 지속적으로 하나님의 쓰임을 받게 해 달라고 매일 기도드립니다. 바울도 나와 동일한 소망을 가지고 있었습니다. 그는 고린도 교인들에게 다음과 같이 말했습니다. "오직 내가 내 몸을 억제하여 복종시킴은 내가 다른 사람들에게 복음을 선포한 뒤에 어떤 방법으로든 내 자신이 버림을 받지 않게 하려 함이라"(고린도전서 9:27).

성공은 위험한 것입니다. 만일 당신의 사역이 성공하기 시작한다면, 당신은 변두리에 있는 작고 보잘 것 없는 장소에서 열 명의 교인들과 함께 교회를 간신히 유지하려고 애를 쓸 때보다 훨씬 더 큰 위험에 처하게 됩니다. 그와 같은 환경에서는 자세를 낮추는 것이 쉽습니다! 당신이 영광을 받을 기회가 그리 많지 않습니다. 하지만 성공이 찾아오기 시작하면, 그때는 진짜 위험이 당신의 사역에 닥칩니다. 사람들이 당신에게 주목하기 시작할 때, 그들의 칭찬과 찬사를 받는 일에 빠져들기가 너무 쉽습니다. 그것이야말로 하나님의 영의 기름부음이 끝나는 지름길입니다. 성경은 다음과 같이 말합니다. "높이는 일은 동쪽에서나 서쪽에서나 남쪽에서 나오지 아니하며 오직 하나님께서 재판장이 되시나니 그분께서 한 사람을 낮추시고 다른 사람을 높이시느니라"(시편 75:6-7). 선전은 오늘날 어떤 게임의 이름처럼 보입니다. 많은 목사들이 그들의 모든 시간과 에너지를 교회나 그들 자신을 선전하는 데 쏟아 붓습니다. 하지만 참된 선전은 주님으로부터 나옵니다. 그러므로 조심하십시오.

사도행전은 우리에게 교회의 모델을 제시합니다. 그것은 성령의 인도를 받으며, 하나님의 말씀을 가르치고, 하나됨 즉 성도의 교제를 발전시키는 교회입니다. 그것은 함께 떡을 떼며 기도하는 교회입니다. 나머지는 그분의 일이며, 그분이 친히 그것을 행하십니다. 그분은 구원받아야 할 자들을 날마다 교회에 더하실 것입니다.

제 2 장

교회의 정치구조

"또 모든 것을 그분의 발아래 두시며 그분을 모든 것 위에 머리가 되게 하사 교회를 위해 주셨느니라"(에베소서 1:22).

신약성경에는 하나님이 어떤 교회치리 방식을 선호하시는가에 대한 구체적이고 명확한 진술이 나타나 있지 않습니다. 성경 기록에서 우리는 세 가지 기본적인 교회치리 형태를 발견할 수 있습니다. 두 가지는 신약성경에 나타나 있고, 나머지 하나는 교회사를 통해 발전한 것입니다. 교회치리의 첫 번째 형태는 감독에 의한 통치였습니다. 헬라어로 감독은 '에피스코포스'[episkopos]입니다. 디모데전서 3장에서 바울은 감독과 그 자격에 대해 언급했습니다. "남자가 감독의 직분을 사모하면 선한 일을 사모한다는 이 말은 참된 말이로다. 그러므로 감독은 반드시 책망 받을 것이 없으며 한 아내의 남편이며 깨어 있으며 맑은 정신을 가지고 있으며 행실이 바르며 손님 대접하기를 힘쓰며 가르치는 재능이 있으며 자기를 술에 내

주지 아니하며 구타하지 아니하며 더러운 이익을 탐내지 아니하며 오직 인내하며 말다툼하지 아니하며 탐욕을 부리지 아니하며 자기 집을 잘 다스려서 자기 자녀들을 모든 위엄으로 복종시키는 자라야 할 것이며 (남자가 자기 집을 다스릴 줄 알지 못하면 어찌 하나님의 교회를 돌볼 수 있으리요?) 초신자는 아니 되나니 이것은 그가 교만으로 높아져서 마귀의 정죄에 빠지지 아니하게 하려 함이라. 또한 감독은 반드시 밖에 있는 자들로부터 좋은 평판을 받아야 하리니 이것은 그가 비방과 마귀의 올무에 빠지지 아니하게 하려 함이라"(디모데전서 3:1-7).

또 다른 형태는 '프레스비테로스'[presbyteros] 즉 장로라고 불리는 자들을 활용하는 것입니다. 사도행전 14장 23절은 다음과 같이 말합니다. "그들이 각 교회에서 그들을 위해 장로들을 임명하고 금식하며 기도하고 자기들이 믿는 주께 그들을 맡기며."

신약성경은 감독들을 세우는 것과 장로들에게 기름 붓는 것을 분명히 가르치고 있습니다. 이 두 가지 치리 형태는 그것의 본질상 서로 충돌할 것처럼 보입니다. 교회는 감독이 이끌어야 합니까, 아니면 장로들로 구성된 위원회가 이끌어야 합니까? 감독입니까 아니면 장로들입니까? 이러한 분열이 너무 확연해서 오늘날 우리는 양쪽의 견해를 대표하는 두 개의 교단을 가지고 있습니다. 감독교회는 감독을 따릅니다. 이는 감독이 다스리는 교회입니다. 또한 장로들로 구성된 위원회가 다스리는 장로교회가 있습니다. 그들이 둘 다 존재한다는 사실로부터 우리는 올바른 교회치리 형태에 대한 구체적이고 명확한 가르침이 없음을 알 수 있습니다. 양쪽 모두 그들의 관점에 맞는 유효한 사례를 제시할 수 있습니다.

시간이 흐르면서 회중이 다스리는 교회치리의 세 번째 형태가 등장했습니다. 나는 이러한 치리 형태가 선택할 수 있는 하나의 대안이라고 생각하지 않는데, 이는 성경에서 회중이 옳았다는 예를 결코 찾아볼 수 없기 때문입니다. 항상 하나님의 뜻에 맞지 않는 요구들을 내세우며, "다른 나라들처럼 우리를 다스릴 왕을 주십시오"라고 말하는 이들이 바로 회중이었습니다. 나는 성경에서 회중이 효과적으로 다스리는 경우를 한 번도 본 적이 없습니다. 출애굽기 16장 2절에서 우리는 회중이 통치하려고 시도했던 경우를 찾아볼 수 있습니다. "이스라엘 자손의 전체 회중이 광야에서 모세와 아론에게 불평하며." 또한 민수기 14장 1절부터 3절에서, "이에 온 회중이 목소리를 높여 부르짖으며 백성이 그 밤에 울었더라. 온 이스라엘 자손이 모세와 아론에게 불평하며 온 회중이 그들에게 이르되 우리가 이집트 땅에서 죽었더라면 좋았으리라! 우리가 이 광야에서 죽었더라면 좋았으리라! 어찌하여 주께서는 우리를 이 땅으로 데려와 칼에 쓰러지게 하는가? 우리의 아내와 자녀들이 탈취물이 되리니 우리가 이집트로 돌아가는 것이 낫지 아니하랴? 하고." 민수기 14장 27절에서 하나님은 모세와 아론에게 다음과 같이 말씀하셨습니다. "내게 불평하는 이 악한 회중을 내가 어느 때까지 참으랴? 이스라엘 자손이 내게 불평하는 것 즉 그들의 불평하는 말을 내가 들었노라." 그러므로 회중교회를 담당하는 목회자에게 화가 있을 것입니다. 모세처럼 그들은 불평과 반란에 직면하게 될 것입니다.

감독교회, 장로교회 그리고 최근에 등장한 회중교회, 이것들이 오늘날 우리가 찾아볼 수 있는 교회 치리의 세 가지 기본적인 형태입니다.

이것들 외에 우리는 성경에서 하나님이 이스라엘의 초기 역사에서 수립하고 모델을 제시하신 치리 형태를 찾아볼 수 있습니다. 그것은 하나님이 백성들을 다스리는 신정체제였습니다. 이스라엘은 초기에는 신정체제 국가였습니다. 즉 하나님이 직접 다스리는 나라였습니다.

이스라엘이 하나님의 통치를 싫어하고 왕을 세워 달라고 요구했을 때, 그들의 몰락은 시작되었습니다. 그들은 이렇게 말했습니다. "우리에게 우리를 다스릴 왕을 세워 주십시오. 우리는 다른 민족들과 같이 되고 싶습니다." 그들이 사무엘을 찾아와 군주제를 요구했을 때, 그는 크게 실망했습니다.

하나님이 다스리시는 신정체제의 한 가지 예를 살펴보도록 합시다. 하나님은 모세라는 사람을 택하여 세우셨습니다. 그는 하나님의 인도와 지시를 받기 위해 그분께 나아갔습니다. 모세는 하나님으로부터 이스라엘 민족을 위한 안내와 지시와 율법과 규례를 받는 이 땅의 지도자였습니다. 백성들은 그가 하나님과 그들 사이의 연결 고리임을 알고 있었습니다. 그들은 이렇게 말했습니다. "우리는 그분께 나아가는 게 두렵소. 그분은 두려운 분이오. 우리는 천둥과 번개를 보았소. 당신이 올라가서 그분께 말씀드리고, 다시 내려와 우리에게 그분이 말씀하신 것을 말해 주시오. 우리가 그것에 순종하겠소. 다만 우리는 그분께 나아가고 싶지 않소. 당신이 가시오." 그들은 모세가 하나님의 지시를 받고 있음을 인정했습니다. 그는 하나님께 나아가 그분의 지시를 받고, 다시 내려와 그것을 백성들과 나누었습니다.

그런데 모세가 담당했던 백성들의 개인적인 요구사항들이 시차를 두고 처리되었습니다. 개인적인 요구사항들을 가진 사람들이 매일 끝이 보이지 않을 정도로 길게 줄을 서 있었습니다. 그들은 모든 작은 문제들을 가지고 모세에게 나아왔고, 모세는 그들과 이웃 간의 문제들을 판단해 주었습니다. "그들이 내 괭이를 빌려가서는 돌려주지 않아요." 이런 일이 매일마다 하루 종일 계속되었습니다. 그러자 그의 장인 이드로가 이렇게 말했습니다. "이보게, 자네는 곧 지치게 될 걸세. 이 일을 자네 혼자 감당할 순 없네. 이 많은 사람들의 요구사항들을 자네 혼자 처리할 순 없단 말이네." 그래서 주님은 이스라엘 장로들 가운데 칠십 명을 택하여 장막에 모으도록 모세에게 명령하셨습니다. 하나님은 모세에게 부어 주셨던 영을 그들에게도 부어 주셨는데, 이는 백성들이 그들을 찾아갔을 때 그들이 하나님의 법도와 규례를 그들에게 보여 주도록 하기 위함이었습니다. 만일 그들이 감당할 수 없는 어려운 문제가 발생했을 경우에는, 모세를 찾아가야 했습니다. 그러면 모세는 그 문제에 대한 해명을 얻기 위해 하나님께 나아갔습니다(출애굽기 18:13-27 참조).

모세 밑에서 추가적인 지원을 위해 아론과 제사장들은 제사 준비와 봉헌과 같은 백성들의 영적인 필요를 감독했습니다. 그리고 아론과 장로들 밑으로 이스라엘 회중이 있었습니다. 이것이 바로 하나님이 이스라엘 민족을 위해 수립하신 통치체제입니다.

오늘날 교회에서 수정된 형태이지만 이러한 구조를 찾아볼 수 있습니다. 예수 그리스도는 몸된 교회의 머리이십니다. 그것은 그분의 교회입니다. 그분이 교회의 책임자이십니다. 목회자로서 우리는 예수님과 교제하며 그분의 지시와 안내를 받으면서 모세와 같이 될 필요가 있습니다. 목회자로서 우리는 주님이 모든 것을 다스리심을 사람들이 알 수 있도록 교회를 지도할 필요가 있습니다. 그러면 문제가 생겼을 때, 우리는 이렇게 말할 수 있습니다. "음, 그것에 대해 기도하겠습니다." "이 문제에 대한 주님의 지혜를 구해 보겠습니다." "주님의 인도하심을 바라봅시다." 또한 모세처럼 우리는 교회 내에 장로들로 구성된 위원회를 가지고 있는데, 이들은 우리와 함께 기도하며 우리가 주님의 인도하심을 구하도록 돕습니다.

충고 한 마디만 하겠습니다. 무엇보다 당신은 하나님이 당신을 목사로 기름 부어 임명하셨음을 인식하는 기도의 사람들을 교회의 장로들로 세우고 싶어 합니다. 바울은 디모데에게 아무에게나 선뜻 안수하지 말 것을 경고했습니다(디모데전서 5:22). 그들에게 권위 있는 직분을 맡기기 전에 그들을 가능한 한 익히 알도록 하십시오. 그것은 마치 결혼과 같아서, 당신이 한동안 결혼 생활을 해 보기 전까지는 당신의 아내를 정말로 알 수 없는 것과 같습니다. 결혼 초기에는 서로에게 놀라는 일들이 많이 일어납니다. 당신이 조금씩 성공하기 시작하고 교회가 성장하며 힘을 얻기 시작할 때, 일반적으로 문제들이 발생한다는 점을 기억하는 것 또한 중요합니다. 교회 안에도 권력에 대한 욕망을 가지고 있는 사람들이 많이 있습니다. 교회가 재정적으로 여유가 있다는 것을 알게 될 때, 비로소 그들은 지위와 통제를 얻기 위해 움직이기 시작합니다.

하나님이 당신을 교회의 목회자로 부르시고 임명하셨음을 인정하는 경건한 사람들을 가까이에 두는 것이 필요합니다. 그들은 당신과 함께 일하며, 하나님이 교회 안에서 시행하라고 목회자인 당신에게 지시하시는 일들을 지지할 것입니다. 훌륭한 위원회는 사역하는 가운데 당신이 가질 수 있는 가장 멋진 자산 중에 하나입니다. 하나님께 감사하게도, 여기 갈보리채플 코스타 메사에서 우리는 위원회에서 섬기는 훌륭한 하나님의 사람들과 함께 일하는 복을 받았습니다. 우리는 보통 토요일 밤 기도모임이나 철야 기도모임에서 위원회를 위해 섬길 사람들을 찾습니다. 우리에게는 기도하는 사람들이 필요합니다. 우리에게는 하나님과 그분의 뜻을 구하는 사람들이 필요합니다. 감사하게도 우리 교회 위원회는 바로 이러한 사람들로 구성되었습니다.

장로들은 무조건 "예"라고만 하는 사람들이 아니라 성령님께 굴복한 사람들입니다. 그들은 나의 완충장치이자 보호책입니다. 회중과 접속하는 것이 바로 그들의 일입니다. 회중은 장로들에게 문제들을 가지고 옵니다. 많은 경우에 그들은 다음과 같이 간단하게 대답합니다. "음, 이것은 교회 정책입니다. 그리고 이것이 바로 우리가 이런 식으로 일을 처리하는 이유입니다." 그리고는 그것은 더 이상 진행되지 않습니다. 때때로 그들은 위원회 모임에서 다음과 같이 질문 목록을 제시합니다. "음, 이런 질문도 있었는데, 어떻게 생각하세요?" 나는 가끔 이렇게 대답합니다. "음, 잘 모르겠네요. 주님의 뜻을 구해 봅시다." 하지만 많은 경우에 나는 그들이 스스로 알아서 문제들을 해결하도록 내버려 둡니다.

아리조나 주 투산(나의 두 번째 사역지)에서 목회할 때, 우리는 해마다 7월 4일 독립기념일에 레몬 산으로 소풍을 갔습니다. 투산은 이때 즈음 섭씨 43도라서 우리는 상대적으로 더 시원한 레몬 산으로 올라갔습니다. 레몬 산 주립공원에는 훌륭한 소풍 장소들이 있습니다. 화장실, 수도, 탁자 그리고 운동장 등의 시설들이 갖추어져 있습니다. 그곳은 교회 식구들과 소풍가기에 아주 멋진 장소였습니다. 그리고 그때가 교제하기에도 아주 좋은 시간이었습니다. 한번은 위원회 구성원 중 한 사람이 다음과 같이 말했습니다. "제가 레몬 산에 일 에이커의 땅을 좀 가지고 있는데, 이번에는 주립공원에서 다른 사람들과 섞여서 지내지 말고, 제 소유지에서 교인들끼리만 행사를 가지는 게 좋을 것 같군요." "물이 있나요?" 우리가 물었습니다. "아니오." 그가 대답했습니다. "화장실은 있나요?" "아니오, 그냥 일 에이커의 땅만 있을 뿐이에요." 게다가 그의 소유지까지 가려면 주립공원에서 5마일 정도 더 올라가야 했습니다. 그때 그가 다음과 같이 반박했습니다. "하지만 하루 정도 금식하며 기도하는 것도 괜찮을 것 같은데요." 어느 누가 목사로서 어떻게 금식하며 기도하자는 의견에 반대할 수 있겠습니까? 만일 그렇게 한다면 당장에 교인들로부터 영적이지 않다는 비판을 받게 될 것입니다.

그러자 한 무리의 교인들이 한데 모여 의논하고는, 그곳에서 금식하고 기도하며 하루를 보내는 것이 멋질 것이라는 의견에 다같이 동의했습니다. 하지만 그것은 우리들만의 의견이었습니다.

교회 안의 또 다른 무리는 다음과 같이 말했습니다. "물이 없는 곳으로는 우리 아이들을 데리고 가지 않겠어요. 누가 그 아이들을 돌보고, 또 우리가 금식하고 기도하는 동안 아이들은 무엇을 하나요? 게다가 그곳에는 화장실도 없어요. 만일 그곳으로 간다면, 우리는 가지 않겠어요." 그러자 영적인 무리들이 말했습니다. "음, 만일 주립공원으로 간다면, 우리도 가지 않겠어요." 그들은 그들의 진짜 영성을 드러내고 있었습니다. 회중 가운데 매우 뚜렷한 분열이 일고 있었습니다.

해마다 우리에게 대단한 기쁨을 주었던 독립기념일 야유회가 이러한 분열로 인해 무산될 위기에 처했습니다. 양측 사람들이 나를 찾아와서는 이렇게 물었습니다. "목사님, 독립기념일 야유회는 어디로 가실 건가요?" 그래서 주님이 주시는 지혜를 가지고 나는 다음과 같이 대답했습니다. "위원회가 그것을 결정하도록 위임하겠습니다." 위원회 모임이 열렸고, 만장일치로 주립공원으로 가기로 결정되었습니다. 나는 사람들에게로 다시 돌아와서 이렇게 말했습니다. "위원회는 이번 야유회 행사를 주립공원에서 가지기로 결정했습니다." 그러고 나서 나는 금식하며 기도하기 원했던 영적인 교인들에게 가서 다음과 같이 말할 수 있었습니다. "금식하고 기도하며 하루를 보내는 것도 멋질 거예요. 언제 기회가 되면 한 번 갈 수 있을 겁니다. 하지만 이번 야유회는 주립공원으로 가는 게 좋겠다고 위원회가 최종적으로 결정했습니다."

위원회가 그것을 결정했기 때문에, 나는 자유롭게 양쪽 사람들을 섬길 수 있었습니다. 위원회가 완충장치가 되어 주었습니다. 그와 같은 완충장치를 가지는 것이 정말 좋은데, 왜냐하면 사람들이 "결정한 분이 목사님이었어. 난 그의 결정에 동의하지 않아."라고 말하며 당신에게 극단적으로 대항하지 않기 때문입니다. 위원회가 결정했고, 그들이 나의 완충장치가 되었습니다.

목회자가 주님의 통치를 받으며 위원회의 안내와 지휘를 힘입어 교회를 지도하고, 회중은 목회자를 하나님의 기름부음 받은 도구로 인식하는 형태가 바로 하나님의 모델이라고 나는 믿습니다. 이를 보완하는 것은 부사역자들의 역할입니다. 그들이 해야 할 일은 매일 교인들의 영적인 필요들을 채워 주는 것입니다. 이러한 구성 요소를 갖춘 훌륭한 교회 치리 형태에서는 목사가 삯꾼의 위치에 있지 않습니다. 위원회가 전권을 가지고 교회를 치리하거나 장로교의 치리 체제하에 있는 교회에서는 삯꾼이 되는 것이 정말로 위험한 일입니다. 위원회가 목사를 고용하기도 하고, 또한 같은 방식으로 해고할 수도 있습니다. 그와 같은 종류의 통치 체제에서는 목사가 삯꾼이 되어 버립니다.

회중 통치체제에서도 동일한 원리가 적용됩니다. 교회의 머리인 주님이 목사를 임명하기보다는 회중이 고용합니다. 교회의 머리인 예수 그리스도께서 그를 임명하지 않고, 대신에 위원회나 회중이 그를 선출하거나 선택합니다. 여기서 다시 목사는 삯꾼이 됩니다. 나는 어느 누구도 삯꾼으로서는 최선을 다해 일할 수 없다고 생각합니다.

나는 모든 교인들이 집사가 되어야 한다고 믿습니다. 돕는 사역은 집사 역할의 본질입니다. 그들은 교회 시설들을 관리해야 합니다. 또한 그들은 회중의 필요를 돌보고 아픈 자들을 도와야 합니다. 최악의 일들 가운데 하나는 한 사람을 또 다른 사람보다 더 뛰어나게 보이도록 만드는 직함을 교인들에게 주는 것입니다. 그것은 정말이지 위험한 일입니다.

교회 지도자가 갖추어야 할 영적인 자질에 관한 언급은 유다서의 마지막 인사에서 찾아 볼 수 있습니다. "이제 능히 너희를 보호하사 넘어지지 아니하게 하시고 넘치는 기쁨으로 자신의 영광이 있는 곳 앞에 흠 없이 너희를 제시하시는 분"(유다서 1:24). 우리는 그리스도 예수 안에 있을 때 비로소 흠이 없습니다. 그럼에도 불구하고 우리가 모두 죄인이며 하나님의 영광에 이르지 못한다는 것은 사실입니다. 누군가 사역자로서의 자신의 부적격함을 깨달았다면, 그는 바로 사도 바울이었습니다. 바울은 다음과 같이 말했습니다. "그분께서 모든 성도 가운데 가장 작은 자보다 더 작은 나에게 이 은혜를 주신 것은 헤아릴 수 없는 그리스도의 부요함을 내가 이방인들 가운데 선포하게 하고"(에베소서 3:8). 다시 말해서 그는 다음과 같이 말하고 있었습니다. "나는 모든 성도 가운데 가장 작은 자보다 더 작은 자입니다. 나는 하나님의 교회를 핍박했기 때문에 사도로 부름 받을 자격이 없는 자입니다." 또한 그는 다른 곳에서 다음과 같이 자신에 대해 언급했습니다. "이 은혜가 죄인 중에 괴수인 나에게도 부어졌으니". 바울은 그가 오직 하나님의 은혜로 자신의 직분을 받았음을 깨달았습니다. 그는 고린도전서 15장 10절에서 다음과 같이 말했습니다. "하나님의 은혜로 내가 지금의 내가 되었으니." 그는 참으로 그리스도 안에서는 자신이 죄가 없다고 인식했습니다. 그러므로 교회 지도자나 목사에게 꼭 필요한 자질은 바로 "예수 그리스도 안에" 있는 것입니다. 이러한 상태에서는 죄가 없습니다.

만일 어떤 사람이 그리스도 안에 거하지 않고 육체 안에서 걷는다면, 그는 '에피스코포스' 즉 감독의 직분을 받을 자격이 없다고 나는 생각합니다. 육체 안에서 걷는 것은 하나의 익숙한 생활 방식을 말합니다. 사탄은 효과적으로 사역을 이끌고 있는 사람이라면 어느 누구든 파멸시키고자 돌아다닙니다. 그리고 우리 모두가 넘어질

가능성이 있다고 나는 믿습니다. 예수님은 베드로에게 다음과 같이 말씀하셨습니다. "또 주께서 이르시되 시몬아, 시몬아, 보라 사탄이 너희를 밀 까부르듯 하려고 너희를 갖기 원하였으나 내가 너를 위하여 네 믿음이 쇠하지 않도록 기도하였은즉 너는 돌이킨 뒤에 네 형제들을 강하게 하라 하시니"(누가복음 22:31-32).

그러자 베드로는 다음과 같이 대답했습니다. "모든 사람이 주로 인하여 실족할지라도 나는 결코 실족하지 아니하리이다"(마태복음 26:33). 다시 말해서 그는 이렇게 말하고 있었습니다. "주님, 그들은 모두 당신을 버릴지라도, 나는 결코 버리지 않겠습니다! 주님, 난 당신을 위해 죽겠습니다!" 그가 성령님을 전적으로 의지함을 인식하기 위해서는 먼저 그의 자신감이 처리되어야 했습니다. 그것은 그의 삶 속에서 처리되어야만 했던 중요한 것이었습니다. 나는 그것이 또한 우리 모두의 삶 속에서 처리되어야만 하는 중요한 것이라고 생각합니다. 우리가 어떤 영역에 대한 자신감을 가지고 있을 때, 주님은 우리 안에서 혹은 우리로부터는 아무것도 할 수 없다는 것을 우리에게 서서히 보여 주십니다. 사도 바울은 다음과 같이 말했습니다. "내 안에 (곧 내 육신 안에) 선한 것이 거하지 아니하는 줄을 내가 아노니"(로마서 7:18). 그래서 우리가 예외라고 생각할 때마다, 주님은 우리가 넘어지는 것을 허락하셔서 우리에게 그분에 대한 철저한 신뢰를 가르치십니다.

육신에 뛰어들어 육신을 좇아 살기로 결심할 때, 우리는 섬김의 직분을 얻을 수 있는 자격을 내버리게 됩니다. 그러나 만일 "흠이 없는"(blameless)이라는 단어를 문자 그대로 적용한다면, 우리 모두는 짐을 싸고 가서 다른 직업을 얻는 편이 더 낫습니다. 나는 참된 회개가 문제 해결의 열쇠라고 믿습니다. 일단 참된 회개가 있으면, 용서가 있고 회복이 시작될 수 있습니다. 하지만 반드시 참된 회개, 즉 죄로부터 참으로 돌아서는 것이어야 합니다.

나는 장로제를 따르는 교회들이 너무나 자주 목사를 찾기 보다는 삯꾼을 찾고 있는 것을 목격했습니다. 그들이 가지고 있는 목사에 대한 개념은 다음과 같습니다. "우리에게는 우리의 박자에 맞춰 춤출 사람이 필요하오. 우리가 줄을 당길 때 그에 따라 반응하는 한, 당신은 우리의 총애를 받는 직원이오. 하지만 감히 당신 마음대로 움직이려 한다면, 이야기는 달라집니다."

갈보리채플에 오기 전에 나는 코로나에서 가정성경공부 모임에서 비롯된 독립교회를 시작했습니다. 가정성경공부 모임에 참여했던 몇몇 사람들이 "코로나 기독협의회"(Corona Christian Association)라는 법인을 만들기로 결정했습니다. 그들은 사람들이 협회에 십일조를 내고 기금을 만들기 시작할 수 있도록 법인을 세웠는데, 이는 무엇보다 내가 코로나에서 라디오 방송을 통해 복음을 전할 수 있게 하기 위해서였습니다. 협의회를 세운 이 사람들은 바로 협의회 담당자들이었습니다. 그래서 우리는 라디오 방송을 시작하게 되었고, 많은 사람들이 방송을 듣고 몰려왔습니다.

나는 당시 내가 속해 있던 교단을 떠나 독립하기를 원하고 있었습니다. 그때 이들이 코로나에서 교회를 시작할 것을 제안하며 나를 초청했습니다. 나는 그들의 제안을 받아들였고, 우리는 코로나 크리스찬 센터를 시작했습니다. 그리고 하나님은 이 사역에 복을 주셨습니다. 당시에 나는 아직 뉴포트 비치에 살고 있었고, 주일에는 자동차로 코로나에 갔습니다. 우리는 코로나에서 주일 낮 시간을 보내고 밤에 집에 돌아왔습니다. 어느 일요일 오후, 임대해서 사용하던 미국 재향 군인회관에서 나와 우리 가족이 함께 있을 때, 나는 의자들을 일렬로 놓기보다는 둥글게 놓기로 결정했습니다. 나는 강대상을 치우고 의자들을 둥글게 놓았습니다. 그날 밤 사람들이 들어왔을 때, 우리는 가정성경공부 모임에서처럼 모두 둥글게 앉았습니다. 우리는 오르간과 피아노 반주에 맞춰 세 곡의 찬송가를 부르는 것 대신에 그냥 반주 없이 찬양을 했습니다. 나는 예배 찬양을 아카펠라로 이끌었습니다. 그리고 나서 우리는 "지시에 따른 기도"(directed prayer)의 시간을 가졌는데, 이는 하나의 기도 제목을 내놓고 함께 기도하는 것입니다. 기도 시간 후에, 나는 형식에 구애받지 않고 그냥 의자에 앉아 말씀을 가르쳤습니다.

나는 성령님이 그 모임을 이끄시는 것을 느꼈습니다. 그것은 매우 역동적이었으며, 모인 사람들은 신이 났고 흥분해 있었습니다! 그날 밤 한 번도 공중 기도를 해본 적이 없는 사람들이 기도를 이끌었고, 많은 사람들이 감동을 받았습니다. 그러나 그 후 위원회 구성원들의 특별 회의가 있었습니다. 그리고 다음날 아침 그들은 나를 불렀고, 내가 어떤 생각으로 그렇게 하였는지를 알고 싶어 했습니다. 그리고 나서 그들은 내가 다시 그렇게 하기를 그들은 원치 않는다고 말했습니다. 그 순간 나는 이런 생각이 들었습니다. "음, 나는 이것이 내 평생의 사역일지도 모른다고 생각했는데... 난 이런 제한 조건 하에서 사역하고 싶진 않아. 나의 사역은 성령님의 인도하심에 열려 있어야만 해."

그 후 우리가 갈보리채플에 와서 내규를 만들 때, 장로제의 치리 형태를 선택하지 않았습니다. 갈보리채플의 치리 형태는 감독제에 더 가까웠습니다. 목사는 주님의 통치를 받고, 그분의 몸된 교회에 대한 예수 그리스도의 뜻을 발견하도록 장로들의 도움을 받는 형태가 바로 하나님의 모델이라고 나는 믿습니다. 다음에는 이것을 부목사들이 시행합니다.

제 3 장

성령의 능력을 힘입어

"오직 성령님께서 너희에게 임하신 후에 너희가 권능을 받고 예루살렘과 온 유대와 사마리아에서 그리고 땅의 맨 끝 지역까지 이르러 나를 위한 증인이 되리라 하시니라."(사도행전 1:8).

갈보리채플의 또 하나의 특징은 성령에 대한 입장입니다. 우리는 믿는 자가 삶 속에서 성령의 권능을 받고 또 경험한다고 믿는데, 이는 회심할 때 일어나는 성령의 내주하심과는 구별되는 것입니다. 바울은 에베소 교인들에게 그들이 믿을 때나 믿은 이후로 성령을 받는가를 물었습니다. 당신이 어떤 번역본을 선택하든 간에, 성경기록은 구원 받을 때의 성령에 대한 경험과는 구별되는 성령에 대한 경험이 있다고 분명히 가르치고 있습니다.

빌립이 사마리아에 가서 그리스도를 전했을 때, 많은 사람들이 믿고 침례를 받았습니다. 사마리아 사람들이 복음을 받았다는 소식을 예루살렘 교회가 들었을 때, 그들은 베드로와 요한을 그곳에 보냈습니다. "그들이 내려가서 그들을 위해 기도하여 그들이 성령님을 받게 하니 (이는 아직 그분께서 그들 가운데 아무에게도 내려오지 아니하셨고 그들이 다만 주 예수님의 이름으로 침례를 받았기 때문이더라.)"(사도행전 8:15-16). 다시 한 번 우리는 회심과는 구별되는 성령에 대한 경험을 보게 됩니다.

사도행전 2장에서 우리는 다음과 같은 기록을 찾아볼 수 있습니다. "이제 그들이 이 말을 듣고 마음속으로 찔려 베드로와 나머지 사도들에게 이르되, 사람들아 형제들아, 우리가 어찌할까 하거늘 이에 베드로가 그들에게 이르되, 회개하고 너희 각 사람이 예수 그리스도의 이름으로 침례를 받아 죄들의 사면을 얻으라. 그리하면 너희가 성령님을 선물로 받으리니"(사도행전 2:37-38). 바울은 다마스커스로 가는 도중에 회심했지만, 아나니야가 그를 찾아가 그에게 안수하자 비로소 사울은 시력을 되찾고 성령님으로 충만하게 되었습니다(사도행전 9장).

우리는 회심과는 구별되는 성령의 권능을 받는 경험이 있다고 믿습니다. 우리는 성령님과 믿는 자 간의 삼중의 관계를 인정하는데, '파라'[para], '엔'[en], '에피'[epi]라는 세 개의 헬라어 전치사들이 이를 대표합니다.

요한복음 14장에서 예수님은 제자들에게 다음과 같이 말씀하셨습니다. "내가 아버지께 구할 터인즉 그분께서 다른 위로자를 너희에게 주사 그분께서 영원토록 너희와 함께 거하게 하시리니 곧 진리의 영이시라. 세상은 그분을 받아들이지 못하나니 이는 세상이 그분을 보지도 못하고 알지도 못하기 때문이라. 그러나 너희는 그분을 아나니 이는 그분께서 너희와 함께 거하시며 또 너희 속에 계실 것이기 때문이라."(요한복음 14:16-17). "너희와 함께"(with you)란 "파라"[para]의 관계, 즉 나란히 함께 가는 것을 말합니다. "너희 속에"(in you)라는 구절의 "엔"[en]은 영어의 전치사 "in"에 해당합니다.

우리는 성령님이 회심 이전에 개개인의 옆에(with) 나란히 계신다고 믿습니다. 그분은 그들의 죄와 예수 그리스도가 유일한 해답이라는 사실을 그들에게 확신시켜 주십니다. 성령님은 지속적으로 죄와 의와 심판에 대해 증언하고 계십니다. 우리는 또한 개개인이 성령님의 증거를 받아들이는 순간, 예수님이 그의 죄를 가져가 버리신다고 믿습니다. 누구든지 예수님이 그의 마음에 들어오셔서 삶을 다스리시도록 초대하면, 성령님이 그의 삶에(into) 들어오십니다. 그분은 우리를 그리스도께 데려가시려고 우리 각 사람 옆에 계시며, 우리가 그리스도께로 가면 그분은 우리 안에 거하기 시작하십니다.

바울은 다음과 같이 말했습니다. "...너희 몸이 너희가 하나님에게서 받은 바 너희 안에 계신 성령님의 전인 줄을 너희가 알지 못하느냐? 너희는 너희 자신의 것이 아니니 주께서 값을 치르고 너희를 사셨느니라."(고린도전서 6:19-20). 그는 또한 에베소 교인들에게 다음과 같이 말했습니다. "술 취하지 말라. 거기에는 과도함이 있나니 오직 성령으로 충만하라."(에베소서 5:18). 그러므로 우리는 모든 거듭난 하나님의 자녀 안에는 성령님이 거하신다고 믿습니다. 그는 자신의 몸을 기꺼이 성령의 통제에 내어드리며 지속적으로 성령으로 충만하기 위해 성경의 명령에 순종합니다.

우리는 또한 성령님이 믿는 자의 삶 속에 죄와 육체를 이길 능력을 주신다고 믿습니다. 우리는 육체를 따르지 말고 성령을 따르라고 배웁니다. 성령을 따라 걷는 자는 육체의 소욕을 이루지 않습니다. 성령님은 우리의 타락한 본성을 이길 힘을 우리에게 주시는 육체의 삶을 이길 능력이 되십니다. 그분은 우리를 예수 그리스도의 형상으로 만들어 갈 능력이 되십니다. "그러나 우리는 다 가리지 않은 얼굴로 거울을 보는 것 같이 주의 영광을 바라보며 같은 형상으로 변화되어 영광에서 영광에 이르렀나니 이것은 곧 주의 영으로 말미암은 것이니라."(고린도후서 3:18). 그러므로 우리는 예수님을 영접할 때 우리에게 오셔서 우리 안에 계시는 성령의 역동적인 능력을 봅니다. 그분은 우리를 예수 그리스도의 형상으로 변화시키는 일을 우리 안에서 시작하십니다.

우리는 믿는 자가 가질 수 있는 세 번째 관계가 존재한다고 믿는데, 이는 처음 두 개의 관계와는 구별되는 것입니다. 사도행전 1장 8절에서 우리는 다음과 같은 약속을 받았습니다. "오직 성령님께서 너희에게 임하신 후에 너희가 권능을 받고." 이러한 관계는 성령님이 당신에게(upon you) 임할 때 이루어집니다. "위에"(upon)라는 단어는 헬라어로 "에피"[epi]인데, 영어의 "upon" 혹은 "over"에 해당합니다. 나는 "넘치다"(overflow)라는 번역을 더 좋아하는데, 이는 이러한 경험이 성령님으로 하여금 우리의 삶으로부터 넘쳐흐르게 한다고 믿기 때문입니다. 우리의 삶은 단지 성령을 담고 있는 용기가 아니라, 우리를 둘러싼 세상을 감동시키기 위해 성령이 흘러나가는 통로가 됩니다. 나는 또한 이것이 성령님의 객관적인 역사라고 믿습니다. 첫 번째 성령의 역사는 변화가 내 안에서 일어나는 주관적인 것입니다. 이러한 "위에 임하는"(coming upon) 경험은 우리가 예수 그리스도의 증인이 되게 함으로써 성령의 역동적인 능력에 대한 객관적인 증거를 제공합니다. 성령이 흘러나올 때, 즉 성령의 역동적인 능력이 나의 삶으로부터 흘러나올 때, 나의 삶은 하나님이 세상에게 다가가는 데 필요한 도구가 되는데, 이것이야말로 그분의 이상적인 계획입니다.

신약에서 우리는 예수님이 제자들에게 숨을 내쉬며 "너희는 성령을 받으라."고 말씀하신 것을 찾아볼 수 있습니다. 나는 그 때 제자들이 성령을 받았다고 믿습니다.

몇몇 사람들은 "음, 그건 단지 상징적인 행동이었어."라고 주장합니다. 그것이 단지 상징적이었다고 말해 주는 성경구절이 있다면, 어떤 구절인지 말해 보십시오! 왜 요한은 "음, 그분의 행동은 상징적인 것이었어."라고 말하지 않았을까요? 이것이 단지 상징적이었다고 말해 주는 성경구절은 어디에도 없습니다. 나는 바로 그 순간 제자들이 하나님의 영에 의해 거듭났다고 믿습니다.

그러고 나서 예수님은 제자들에게 그분이 계속 말씀해 오셨던 아버지의 약속하신 것을 받을 때까지 예루살렘에서 기다리라고 명령하셨습니다. "참으로 요한은 물로 침례를 주었으되 너희는 이제부터 많은 날이 지나지 아니하여 성령님으로 침례를 받으리라"(사도행전 1:5). 그분은 또한 이렇게 말씀하셨습니다. "오직 성령님께서 너희에게[epi] 임하신 후에 너희가 권능[dunamis]을 받고"(사도행전 1:8). 그들은 주님을 효과적으로 섬기기 위해 하나님의 영이 흘러넘칠 필요가 있었습니다.

이것은 예수님이 요한복음 7장에서 언급하셨던 경험이라고 나는 생각합니다. 장막절의 그 큰 날에 예수님이 모인 사람들에게 서서 외치셨습니다. "누구든지 목마르거든 내게로 와서 마시라. 나를 믿는 자는 성경 기록이 말한 것 같이 그의 배에서 생수의 강들이 흘러나오리라"(요한복음 7:37-38). 그러고 나서 요한은 다음과 같이 주석을 제공합니다. "(그러나 이것은 그분께서 자기를 믿는 자들이 받을 성령을 가리켜 말씀하신 것이더라. 예수님께서 아직 영광을 받지 아니하셨으므로 아직 성령님께서 주어지지 아니하였더라)"(요한복음 7:39). 이러한 "위에 임하는"(coming upon) 경험은 성령의 침례나 성령의 흘러넘침으로 언급되었습니다. 그것은 어떤 종류의 흘러넘침일까요? 그것은 생명수가 봇물처럼 믿는 자의 삶으로부터 흘러나오는 것을 말합니다.

그러므로 성령으로 충만한 것과 성령이 흘러넘치는 것은 별개입니다. 성령의 삽입물은 강력하고 역동적이지만, 다른 사람들을 감동시키기 위해서는 우리의 삶으로부터 성령이 흘러넘쳐야만 합니다.

예수님은 우리에게 성령에 대한 세 가지 약속을 주셨습니다. 그분이 우리와 함께 계신다는 약속과 그분이 우리 안에 계실 것이라는 약속과 마지막으로, 그분이 우리에게 임하실 때 우리가 그분의 능력을 받게 될 것이라는 약속입니다. 성령님은 회심 이전에 우리와 함께(with) 계십니다. 그분은 죄에 대해, 의에 대해, 심판에 대해 세상을 책망하십니다. 그분은 당신이 죄를 자각하도록 도우십니다. 그분은 당신을 예수 그리스도께로 이끌고 예수님만이 당신의 죄에 대한 해답임을 알게 하십니다. 당신을 그리스도께로 이끌고 나서는 당신이 마음의 문을 열 때, 그분은 당신의 삶 속으로 들어가 당신 안에(in) 거하기 시작하십니다. 당신 안에 거하는 성령님의 능력은 당신의 인격을 예수 그리스도의 형상으로 변화시키십니다. 그분은 당신이 그리스도인의 삶을 살도록 도우시며 당신을 그분의 형상으로 변화시키십니다. 당신이 당신 자신을 위해 할 수 없는 것을 그분이 당신을 위해 행하십니다.

사도 바울은 다음과 같이 말했습니다. "그러나 우리는 다 가리지 않은 얼굴로 거울을 보는 것 같이 주의 영광을 바라보며 같은 형상으로 변화되어 영광에서 영광에 이르렀나니 이것은 곧 주의 영으로 말미암은 것이니라."(고린도후서 3:18). 그는 또한 이렇게 말했습니다. "도대체 무슨 말이냐? 너희 몸이 너희가 하나님에게서 받은 바 너희 안에 계신 성령님의 전인 줄을 너희가 알지 못하느냐? 너희는 너희 자신의 것이 아니니 주께서 값을 치르고 너희를 사셨느니라. 그런즉 하나님의 것인 너희 몸과 너희 영으로 하나님께 영광을 돌리라."(고린도전서 6:19-20). 하나님의 구원의 역사를 통해 나의 몸은 성령님의 전이 되었습니다. 그분은 내 안에 거하고 계십니다. 내가 예수 그리스도의 형상을 닮아 가도록 그분은 나를 변화시킬 능력을 가지고 계십니다.

성령님이 나의 삶에서 흘러넘치는 것이 바로 주님의 바람입니다. 컵에 물을 붓는 것과 컵에 넘치도록 물을 붓는 것은 별개입니다. 성령이 당신의 삶에 부어지는 것과 성령이 당신의 삶에서 흘러넘치게 하는 것은 별개입니다. 이것은 사역에 꼭 필요한 원동력입니다. 심지어 제자들도 이러한 성령의 원동력을 받기 전까지는 사역에 참여할 수 없었습니다. "또 그들과 함께 모이사 그들이 예루살렘을 떠나지 말고 아버지의 약속하신 것을 기다리라고 그들에게 명령하셨느니라. 그분께서 이르시되, 그 약속하신 것에 대해서는 너희가 내게서 들었나니"(사도행전 1:4). "아버지의 약속하신 것"이란 바로 성령님의 원동력입니다. 그것은 곧 우리 위에 임하는 "에피"[epi]의 경험입니다.

이러한 경험은 일반적으로 구원과는 구별되지만, 고넬료의 집과 같이 구원과 동시에 일어날 수 있습니다. 베드로가 말하고 있을 때, 성령이 고넬료의 집에 모인 사람들에게 임했고[epi], 그들은 타 언어로 말하기 시작했습니다. 그래서 사도들은 만일 하나님이 성령으로 그들에게 침례를 주셨다면, 사도들 또한 그들에게 물로 침례를 주는 것이 마땅하다고 생각했습니다(사도행전 10장).

그러므로 우리는 회심과 성령의 내주하심과는 구별되는 성령에 대한 경험이 있다고 믿습니다. 어떤 사람들은 그것을 침례라고 부릅니다. 또 어떤 이들은 그것을 성령으로 충만함이라고 부릅니다. 우리가 그것을 무엇으로 부르던 간에, 그것은 성령으로 흘러넘침을 의미합니다. 컵을 물로 가득 채울 수 있지만, 거기에 계속 물을 붓는다면 그것은 흘러넘치게 될 것입니다. 이것은 가득 채워지는 것과는 다릅니다. 이것이 바로 성령으로 흘러넘치는 것입니다. 어떤 사람들은 그것을 성령의 선물이라고 부릅니다. 또 어떤 이들은 그것을 성령의 권능을 받는다고 말합니다. 그것을 무엇이라고 부르던 간에 그것은 중요하지 않습니다. 중요한 것은 당신이 그것을 가지고 있다는 것입니다. 우리가 신학적인 용어들에 대해 논쟁할 수 있지만, 그 경험은 우리의 가장 깊은 존재로부터 세차게 흘러나오는 생명수라는 봇물로 묘사됩니다. 그러므로 무엇이라고 부르던 간에 그것은 중요하지 않습니다. 우리가 반드시 던져야 하는 질문은 다음과 같이 단순합니다. "당신은 그것을 가지고 있습니까?"

제 4 장

하나님의 방법으로
교회 세우기

"힘으로 되지 아니하고 능력으로 되지 아니하며 오직 내 영으로 되느니라. 만군의 주가 말하노라."(스가랴 4:6).

갈보리채플의 또 다른 특징은 우리의 느긋하고 편한 스타일입니다. 우리는 의도적으로 사람들의 영적인 열정이나 흥분을 일으키려 하지 않습니다. 우리는 사람들에게 세속적으로 동기를 부여하려고 애쓰지 않으며, 회중에게 쉽게 고함치지도 않습니다. 나는 이것이 예수 그리스도와 성령님에 대한 우리의 신앙과 신뢰에서 유래한다고 믿습니다. 우리는 "주께서 집을 세우지 아니하시면 그것을 세우는 자들의 수고가 헛되며"(시편 127:1)라는 성경의 말씀을 믿습니다. 결국 우리의 모든 과장된 광고와 강요는 제 역할을 하지 못할 것입니다. 우리는 단순히 성령님과 예수 그리스도의 일하심을 신뢰하는데, 예수님은 그분이 하시겠다고 말씀하신 대로 그분의 교회를 세우고 계십니다.

만일 그것이 그분의 교회이며, 그분이 그것을 세우시고 또한 그분이 하실 일을 행하실 것이라고 믿는다면, 우리가 해야 할 모든 일은 단지 그분께 충실한 믿는 자가 되는 것입니다. 우리는 단순히 그분이 하시는 일을 지켜볼 뿐이며, 어떠한 압박감도 느낄 필요가 없습니다. 하나님의 일에 대한 책임은 나에게 있지 않기 때문에, 나는 흥분하거나 압박감을 느끼지 않습니다. 그것은 나의 교회가 아닙니다. 그것은 그분의 교회입니다. 나는 이것을 기억하는 것이 매우 중요하다고 생각하는데, 왜냐하면 만일 당신이 그 짐을 짊어지고 그에 따른 부담감을 감당하려고 애쓴다면, 당신이 감당하기에 그것이 너무 크다는 것을 발견할 것이기 때문입니다. 당신은 음모와 과장된 광고를 만들어 내야 하는 압박감에 시달리는 당신 자신을 발견하게 될 것이며, 그 다음에는 사람들을 속이고 압력을 가하기 시작할 것입니다. 그것은 갈보리채플 스타일이 아닙니다.

1969년에 우리는 현재 위치에서 한 구획 정도 떨어진 곳으로 썬플라워와 그린빌 거리의 모퉁이에 있는 1.5에이커의 땅을 구입했습니다. 거기에는 낡은 학교 건물이 하나 있었습니다. 우리는 그것을 철거했고, 작은 예배당을 짓기 위해 거기에서 나온 자재를 사용했습니다. 기존에 있던 자재를 사용했기 때문에 우리는 좌석을 포함해서 예배당을 4만 달러에 지을 수 있었습니다. 하지만 이 년이 지나자 예배당이 너무 비좁아졌습니다. 우리는 뜰에 오백 개의 의자를 놓고도 3부 예배까지 드려야 했고, 사람들은 LA 타임즈 건물을 지나서 페어뷰의 고속도로 입구에까지 주차를 해야 했습니다. 우리는 무엇인가 조치를 취해야 한다는 것을 알았습니다.

그 때, 오늘날 갈보리채플이 소유하고 있는 부동산의 일부가 매물로 나왔습니다. 우리 교회 교인 중에 한 사람이 부동산 업자였는데, 그는 이익을 목적으로 그것을 전환할 계획을 가지고 이 11에이커의 부동산을 구매한 사람들의 자료를 모았습니다. 그들은 그것을 가지고 투기를 했고 몇몇 거래는 미결인 채로 남아 있었는데, 산타애나 시가 그들이 제안한 모든 토지 사용 계획에 대한 허가를 내주지 않았습니다. 그들은 그 부동산에 대한 잔금 35만 달러를 지불해야 했지만, 그럴 만한 상황이 되지 않았습니다. 그들은 사실상 그 부동산을 소유한 주인에게 매달 이자를 지불하는 것도 그만두었고, 마침내 그것을 잃게 되었습니다.

우리 교회에 나오던 그 부동산업자가 나를 찾아와서는 우리 교회가 그 부동산을 구매하는 게 어떻겠느냐고 물었습니다. 나는 다음과 같이 반응했습니다. "음, 11에이커나 되는 많은 땅을 가지고 우리가 무엇을 하겠습니까?" 그는 우리가 언제라도 절반은 팔 수 있다고 말했습니다. 그리고 나서 또 다른 친구 하나가 나를 찾아와서는 우리가 그 땅을 30만 달러에 살 수 있다고 말했습니다. "말도 안 돼! 35만 달러에 내놓았기 때문에 절대 30만 달러에 팔 일은 없어요. 그녀가 왜 30만 달러에 그 땅을 우리에게 팔겠어요?" 그러자 그가 다음과 같이 말했습니다. "음, 우연히 그 땅 주인에 대해 몇 가지를 알게 되었는데, 그녀는 그 동안 들어오는 이자를 가지고 세금을 냈습니다. 그런데 최근에 사람들이 이자를 제대로 주지 않아서 그녀는 지금 세금 낼 돈이 없어요. 팔십이 가까운 나이에 그녀는 지금 현금이 필요해요. 만일 우리가 30만 달러를 현금으로 지불한다고 제안하면, 그녀는 그 제안에 응할 거예요."

나는 "좋은 생각이에요. 하지만 도대체 우리는 어디에서 30만 달러를 가져오나요?"라고 물었습니다. 그러자 그가 다음과 같이 대답했습니다. "만일 30만 달러에 그것을 매입할 수 있다면, 전체 금액의 절반은 그 동안 저축한 돈과 대출로 충당할 수 있습니다. 먼저 부동산 가격의 50퍼센트를 은행에서 대출 받고, 교회가 저축한 11만 달러가 은행에 있고, 또 내가 일 년 동안 9만 달러를 무이자로 빌려 드릴 수 있습니다." 그래서 나는 "음, 그녀는 결코 받아들이지 않을 거예요."라고 말했습니다. 그러자 그가 다음과 같이 말했습니다. "교회의 이름으로 그것을 그녀에게 제안하도록 허락해 주시겠어요?" "그렇게 하세요." 내가 대답했습니다. 잠시 후에 그에게서 전화가 왔고, 그는 "저, 그녀가 제안을 받아들였어요."라고 말했습니다. 그 순간 다음과 같은 생각이 들었습니다. "음, 잘됐군! 하지만 난 이제 무엇을 해야 하지?"

그 당시 페어뷰 거리가 막 완성되어서 플라워 거리까지 연결되었습니다. 나는 다른 예배당에 갔다가 돌아오는 길에 페어뷰와 선플라워 거리의 모퉁이까지 자동차로 운전해서 가곤 했습니다. 좌회전을 하려고 신호를 기다릴 때, 나는 이 크고 넓은 땅을 바라보고는 두려움에 사로잡히기 시작했습니다. 나는 다음과 같은 생각에 빠져들었습니다. "그동안 하나님은 우리를 선하게 인도해 주셨어. 우리는 빚을 다 갚고 은행에 6만 달러의 잔고를 가지고 있으며, 여유자금도 운영하고 있고 모든 일이 순조롭게 진행되고 있어. 앞으로 이 넓은 땅 덩어리 위에 건물도 지어야 할 텐데, 내가 우리 교인들을 빚더미로 내몰면서 지금 그들에게 무엇을 하고 있는 걸까? 내가 무슨 짓을 하고 있는 걸까?"

이 문제로 고민하다 보면 어느새 식은땀을 흘리기도 했습니다. 그럴 때 주님은 내 마음에 다음과 같이 말씀하셨습니다. "이것이 누구의 교회냐?" 나는 "저, 주님의 교회입니다."라고 대답했습니다. 그리고 나면 그분은 이렇게 대답하십니다. "음, 그런데 왜 네가 파산에 대해 염려하느냐?" 그래서 나는 다음과 같이 생각하기 시작했습니다. "내가 왜 걱정을 하지? 내가 파산하는 게 아닌데 말이야. 파산을 해도 주님이 하시는데, 내가 왜 걱정해야 하지?" 그리고 나면 그분은 이렇게 말씀하십니다. "누가 이 문제를 야기시켰느냐?" 그러면 나는 대답합니다. "주님입니다. 주님이 이 모든 사람들을 데리고 오셨습니다. 더 많은 공간이 필요하게 된 건 바로 주님 때문입니다." 그분은 그것이 그분의 교회이며 또 그분의 문제라는 사실을 나에게 확신시켜 주셨습니다. 그분이 이러한 상황을 만드셨습니다. 그리고 나서는 다음에 그 모퉁이에 차를 대고 그 땅을 바라볼 때까지는 마음이 편안했습니다. 나는 완고한 편이라서 이러한 과정은 한동안 계속되었습니다.

우리의 공동체가 그분의 교회임을 깨닫고 나서 나는 한결 짐을 덜은 기분이었습니다. 나는 더 이상 그 짐을 짊어지고 다닐 필요가 없었고, 느긋해질 수 있었습니다. 그것은 그분의 교회였기 때문에 그분이 돌보셨습니다. 예수님은 "이 반석 위에 내가 내 교회를 세우리니"(마태복음 16:18)라고 말씀하셨습니다. 그분은 "이 반석 위에 네가 내 교회를 세우리니"라고 말씀하시지 않았습니다. 우리는 그것이 그분의 교회이며, 그분이 교회를 세우시겠다고 말씀하셨다는 사실을 깨달을 필요가 있습니다. 예수님이 베드로에게 "네가 나를 사랑하느냐?"라고 물으셨을 때, 베드로는 "주여, 그러하나이다. 내가 주를 사랑하는 줄 주께서 아시나이다."라고 대답했습니다. 그 때 예수님은 "가서 나의 교회를 세우라."고 말씀하시지 않앉습니다. 그분은 "내 양들을 먹이라" 즉 "그들을 돌보라"고 말씀하셨습니다. 교회에 수를 더하는 것과 교회를 세우는 것은 그분의 일입니다. 나의 일은 양을 사랑하고 돌보며 먹이는 것과 주님이 교회를 세우시고 구원받아야 할 자들을 더하실 것을 믿는 것입니다.

무엇인가를 얻으려고 애쓸 때마다 이미 얻은 것을 유지하기 위해서 반드시 애를 써야만 한다는 것을 우리는 발견했습니다. 만일 무엇인가를 얻기 위해 압력을 가했다면, 그것을 유지하기 위해서 여전히 압력을 가해야 합니다. 만일 그것이 사람이 만들고 사람이 구성한 프로그램이라면, 그것을 유지하는 일은 매우 어렵습니다.

오래 전 어느 교단에 속해 있을 때, 나는 교회를 세워야 한다는 압박감에 시달리고 있었습니다. 나는 다른 이들이 추천하고 제공하는 온갖 종류의 장치들을 사용하고 있었습니다. 교회성장 프로그램들과 다양한 종류의 행사들이 있었는데, 나는 교회를 세우기 위한 노력의 일환으로 이 모든 것들을 시도해 보았습니다. 그 과정에서 나는 무엇인가를 얻으려고 애쓸 때 반드시 그것을 유지하기 위해 애써야 한다는 것을 발견했습니다. 반대로 얻기 위해 애쓰지 않을 때, 당신은 유지하기 위해 애쓰지 않아도 됩니다. 만일 그것이 주님의 일이라면, 만일 그분이 그 일을 행하셨고 그분이 수를 더하셨다면, 당신은 그것이 계속 유지되도록 애쓸 필요가 없습니다. 얻은 것을 유지하려고 애쓰다가 결국 사역자들이 극도의 피로를 느끼게 됩니다. 그것이 당신을 죽음으로 몰아갈 것입니다. 그것이 당신을 망가뜨릴 것입니다. 그것으로 인해 당신은 온갖 종류의 정도를 벗어난 행위들을 하게 될 것입니다. 이 군중을 얻기 위해 애를 썼기 때문에 당신은 이제 그들을 붙잡고 있기 위해 반드시 애를 써야만 하는데, 그것이 정말로 힘들 수 있습니다.

오늘날 우리는 엄청난 성장 프로그램들을 통해서 생긴 많은 대형 교회들을 보게 됩니다. 그러나 당신은 그 프로그램을 계속 진행시켜야만 합니다. 당신은 계속해서 그것에 기름을 칠하고 윤활유를 바르고 움직이게 만들어야 하는데, 그렇지 않으면 그것은 추락하기 시작합니다. 그 프로그램을 유지하기 위해 취했던 모든 노력과 모든 과장된 선전이 당신을 완전히 죽음으로 몰아넣을 것입니다. 오늘날 초대형 교회들이 많이 있지만, 이미 세운 것을 유지하기 위한 노력 때문에 지친 사역자들 또한 많이 있습니다.

교회성장을 위한 노력이 단지 최신의 교회성장 프로그램을 도입하는 것만을 의미하지는 않습니다. 그것은 또한 과장된 영적 환경에서 일어날 수도 있는데, 영적이며 감정적인 흥분과 성령의 은사에 대한 과장된 광고가 교회성장을 불러오기도 합니다. 다시 한 번 당신은 매우 어려운 상황에 직면했는데, 만일 사람들을 매료시키기 위해 영적인 과대광고를 사용한다면, 당신은 갈수록 더 어려워지는 일방통행 거리를 달리기 시작한 것입니다. 만일 당신이 초자연적이고 극적인 경험을 통해 사람들의 마음을 사고, 또한 그것이 당신의 목회의 강점이라면, 당신은 이런 종류의 현상을 통해 끌어 모은 사람들을 붙잡기 위해 계속해서 더욱 색다른 영적인 경험들을 보여 주어야만 합니다.

우리 인간의 본성이 그러하듯이, 어떤 경험이 아무리 마음을 끌거나 이색적이던 간에, 우리는 이내 그것에 질리게 되고, 능력에 대한 새로운 변화, 새로운 관점, 새로운 끌림과 같은 다른 무엇인가를 원하게 됩니다. 그리고 동일한 수준의 흥분과 전율을 유지하는 데 점점 더 많은 힘이 드는 것처럼 보입니다.

수년 전 나는 3.6미터 정도 되고 25마력의 엔진이 달린 보트로 보트타기를 시작했습니다. 나는 신이 났습니다. 우리는 수상 스키를 배웠습니다. 스키 타는 사람을 위로 올려 주려면, 누군가 보트의 앞부분을 낮게 유지하고 선체의 끝에 앉아 있어야만 했는데, 그래도 우리는 그것을 가지고 스키를 배웠습니다. 그 해 여름에 그것은 아주 훌륭했습니다. 그러고 나서 겨울에 우리는 제블린을 사서 유리 섬유로 처리하고 단장했습니다. 그것은 훌륭한 선체를 가진 4.2미터 크기의 보트였습니다! 그런데 그 작은 25마력 엔진이 제블린에 맞는 속도를 낼 수 없었고, 우리는 마침내 머큐리 55E 엔진을 구입하게 되었는데, 그것이 훨씬 더 좋았습니다. 그리고 스키 타는 사람을 올려 주기 위해 누군가 앞쪽에 나가 있을 필요가 없었습니다. 그것은 정말로 훌륭했습니다! 그러나 그 해 여름이 끝나갈 즈음에 우리는 엔진을 머큐리 75E로 바꾸었습니다. 그러자 4.2미터의 제블린이 머큐리 75E 엔진에 맞지 않았습니다. 나는 "음, 선외 보트도 괜찮지만, 정말이지 선내 모터 보트는 꼭 한 번 다루어 볼 필요가 있어"라고 생각했고, 마침내 우리는 쉐비 354를 구입했습니다. 당신은 언제 그만두겠습니까? 다행히 나는 그만두었지만, 거기에는 항상 더 많은 무엇인가가 있습니다. 그것은 단지 조금 더 크고 조금 더 좋을 뿐입니다.

영적인 흥분이 만들어 내는 매력 또한 마찬가지입니다. 그들은 이전과 같은 효과나 영향을 더 이상 가지고 있지 않습니다. 그래서 당신은 계속해서 무엇인가 새롭고 이전과는 다른 것을 해야만 합니다. 결국 당신은 통제하지 못할 정도로 깔깔대며 웃거나 개처럼 짖거나 사자처럼 울부짖는 지경에 이르게 됩니다. 몇몇 교회들이 어떻게 한 가지 기이한 행위에서 또 다른 것으로, 또 다른 것으로, 또 다른 것으로 옮겨 가는지를 살펴보십시오. 그것은 만족시킬 수 없는 종류의 일입니다. 당신은 정당한 것들을 다 써 버렸고, 불법적인 것들로 되돌아가기 시작합니다. 당신은 사람들이 간절히 바라게 되는 동일한 종류의 영적인 흥분을 계속해서 제공해 줄 새롭고 기이하고 이전과는 다른 종류의 경험들에 대한 욕망을 계속해서 부채질해야 합니다.

갈보리채플에는 이러한 흥분이 없습니다. 우리는 사람들의 마음을 끌기 위한 새로운 프로그램들이나 영적인 흥분에 대한 육신적인 추구에는 관심이 없습니다. 우리가 신뢰하고, 우리가 가르치고, 또 우리가 의지하는 것은 바로 하나님의 말씀입니다. 그것이야말로 우리가 세워진 기초입니다. 그것은 고갈되지 않습니다. 그것과 함께라면 사역자들도 지치지 않습니다. 그것은 계속 나아갑니다.

이러한 이유로 우리는 우리 사역에서 드러나듯이 느긋하고 자유로운 스타일을 가지고 있습니다. 그것이 그분의 교회이므로 우리는 그것으로 인해 땀을 흘릴 필요가 없습니다. 우리는 정말로 교회를 세우는 방법이나 사용자에게 친절한 교회 만드는 방법, 혹은 5개년 계획을 개발하는 방법들에 대한 세미나에 관심이 없습니다. 지금부터 5년 후에 우리가 여기에 있을지 누가 알겠습니까! 오늘 맡겨 주신 사역에 성실히 임합시다!

한번은 피닉스의 어느 지도자 세미나에서 사회 전략가들에게 연설해 달라는 요청을 받았는데, 이들은 다양한 사회 현상들을 연구하고 새천년에 접어들 때 교회를 위한 계획들을 개발하는 사람들입니다. 몇몇 상당히 실력 있는 사람들이 전략을 토론하는 이 위원단에 속해 있었습니다. "우리는 어떻게 미래의 필요들을 충족시키고, 또한 거기에 맞는 적절한 교회 전략들을 개발할 것인가?"

나는 그 세미나의 조정자를 당황하게 만들었는데, 이는 내가 다음과 같이 말했기 때문이었습니다. "나는 '만일 망가지지 않았다면, 그것을 고치지 말라'는 철학을 가지고 있습니다. 하나님은 계속해서 그분의 말씀을 가르치는 일에 복을 주시고, 교회는 계속해서 성장해 가고, 주님은 매일 수를 더하시고, 그리고 그분은 그렇게 행하시겠다고 말씀하신 것처럼 그분의 말씀을 영화롭게 하십니다. 하나님이 그분의 말씀에 복을 주시는 한, 나는 계속해서 말씀을 가르칠 것입니다. 왜 내가 바꾸어야 하나요? 그것이 여전히 제대로 작동하고 있는데, 왜 내가 그것을 고쳐 만들려고 애써야 하나요? 만일 그것이 더 이상 작동하지 않는 날이 온다면, 하나님의 말씀이 실패한 것인데, 그런 말씀을 왜 굳이 가르칩니까?"

물론 그 모임의 조정자는 이런 말에 매우 당황했고, 남은 시간 동안 우리는 신랄한 말들을 주고 받았습니다. 그 후 나는 다시는 그와 같은 멋진 회의에서 연설해 달라는 요청을 받지 못했습니다.

나는 구약성경을 마칠 때 즈음에 신약성경에 대한 갈망이 생기면서 그것을 연구할 준비가 되어 있는 나 자신을 발견합니다. 신약성경을 마칠 때 즈음에 구약의 창세기로 되돌아가는 것이 나는 정말로 신이 납니다. 당신이 그것을 살펴볼 때마다 그것은 계속해서 무엇인가를 만들어 냅니다. 당신은 훨씬 더 많은 것을 얻고 배웁니다. 그로 인해 당신은 풍요로움을 누렸으며, 당신이 섬기는 사람들도 그러했습니다. 그것은 결코 낡지 않습니다. 그것의 상태는 결코 나빠지지 않습니다. 그것은 결코 당신이 새로운 종류의 술책이나 관점, 혹은 새로운 경험을 찾아내야 하는 지경에까지 가지 않습니다. 그것이 바로 하나님의 말씀인데, 이는 살아 있고 능력 있으며, 사람들의 영을 섬깁니다.

제 5 장

은혜 위에 은혜

"은혜로 마음을 굳게 함이 선한 일이요..."(히브리서 13:9).

갈보리채플은 하나님의 은혜라는 주제에 대한 뚜렷한 입장을 가지고 있습니다. 하나님의 은혜가 없이는 우리 가운데 어느 누구도 기회를 얻을 수 없다는 사실을 우리는 인식하고 있습니다. 우리는 삶 속에서 하나님의 은혜를 필요로 합니다. 우리는 매일 그것을 필요로 합니다. 우리는 은혜를 경험하고, 또한 은혜로 구원을 받습니다. 그러나 우리는 또한 은혜 안에 서 있습니다. 우리는 넘어진 자들을 회복시키려고 애쓰는 그 사랑과 은혜를 믿습니다.

심각하게 하나님의 은혜가 결여된 몇몇 교회들이 있습니다. 거기에는 종종 매우 가혹하고 확고하며 엄격한 형태의 율법주의가 있는데, 이는 회개와 회복의 여지를 전혀 두지 않습니다. 나는 넘어진 자들이 회복하기를 돕고 싶어 했고, 그로 인해 비난과 공격을 받아야 했습니다. 재능 있는 하나님의 종들이 사탄의 유혹에 빠지는 것을 볼 때마다, 나는 몇몇 훌륭한 하나님의 종들을 파괴하려고 애쓰는 사탄에게 화가 납니다.

우리는 은혜에 대한 매우 강경한 입장을 취했습니다. 하나님은 은혜가 많으신 분이라고 성경은 가르칩니다. 그것은 하나님이 인간을 다루실 때 보여 주시는 그분의 주된 특징들 가운데 하나입니다. 만일 그분이 은혜의 하나님이 아니었다면, 우리들 가운데 어느 누구도 희망을 가질 수 없을 것입니다! 우리들 모두 하나님의 은혜와 자비가 필요합니다. 기도할 때마다 내가 다른 누구에 대해서 기도하지 않는 한, 나는 결코 하나님께 정의를 구하지 않습니다. 나 자신에 대해 기도할 때마다 나는 다음과 같이 기도합니다. "은혜!" 혹은 "자비, 주님, 자비! 나에게 자비를 베풀어 주십시오! 저를 부당하게 대했던 그 사람은 정의로움으로 다루시고, 주님, 저에게는 자비를 베풀어 주십시오."

우리가 이미 자비와 은혜를 받았기 때문에 다른 이들에게 자비와 은혜를 베풀어야 한다고 주님이 강조하신다는 사실은 참으로 흥미롭습니다. 그분은 이렇게 말씀하셨습니다. "긍휼을 베푸는 자들은 복이 있나니 그들이 긍휼을 얻을 것이기 때문이요"(마태복음 5:7).

예수님이 우리가 용서받는 것과 기꺼이 용서하는 것을 동일시하는 것처럼 보인다는 사실은 흥미롭습니다. 이것은 우리가 공통으로 외우는 주기도문에서도 명백하게 드러납니다. 이 기도의 끝부분에서 그분은 용서에 관한 한 가지 청원 사항만을 강조하십니다. "너희가 사람들에게 그들의 범법을 용서하지 아니하면 너희 아버지께서도 너희의 범법을 용서하지 아니하시리라."(마태복음 6:15).

예수님은 용서의 필요성을 다룬 비유를 말씀하셨습니다. 마태복음 18장에는 자신의 종의 천육백 만 달러나 되는 빚을 탕감해 준 주인이 등장합니다. 그러나 빚을 탕감 받은 종은 그에게 겨우 십육 달러 빚을 진 동료 종을 찾아가 그를 감옥에 쳐 넣었습니다. 그러자 주인은 그 종을 불러 이렇게 말했습니다. "네가 나에게 얼마를 빚졌느냐? 그리고 내가 너를 용서해 주지 않았느냐? 네가 너의 동료 종을 빚 때문에 감옥에 집어넣었다는 말을 들었는데, 어찌 된 일이냐?" 주인은 그를 꾸짖었고 그가 빚을 다 갚을 때까지 그를 감옥에 집어넣으라고 명령했습니다(마태복음 18:23-35).

만일 우리가 많이 용서 받았다면, 당연히 우리는 용서해야만 합니다! 하나님의 은혜를 이미 받았기 때문에, 우리는 넘어진 자들에게 하나님의 은혜를 드러내야 합니다. 나는 매일 하나님의 은혜를 필요로 합니다. 나는 하나님의 은혜 안에 서 있습니다. 나는 행위가 아닌 은혜로 구원을 받았고, 그러므로 그분이 행하신 일에 대한 영광은 마땅히 그분의 것입니다. 나는 내가 행한 일을 자랑할 수 없습니다. 나는 아무것도 이루지 못했습니다. 우리가 구원받는 것은 우리의 의로운 행위가 아닌 그분의 은혜에 의해서입니다.

이것은 신약을 통틀어서 우리가 발견할 수 있는 주제이며, 그러므로 우리가 강조하는 주제이기도 합니다. 로마서와 갈라디아서는 둘 다 하나님의 은혜와 믿음을 통한 의를 설명하기 때문에 매우 중요한 서신들입니다. 이것은 율법의 행위를 통해서 얻는 자기 의와 직접적인 대조를 이룹니다.

바울이 갈라디아 교인들에게 가르쳤던 것처럼, 우리는 넘어진 자들을 회복시키려고 애쓰는 것이 좋다고 믿습니다. "형제들아, 만일 어떤 사람이 잘못에 빠지거든 영적인 너희는 온유의 영으로 그러한 자를 회복시키고 네 자신을 살펴보아 너도 시험에 들지 않게 하라."(갈라디아서 6:1). 나는 내가 받은 은혜에 대해 하나님께 감사를 드립니다. 그리고 그분의 은혜를 이미 받았기 때문에, 이제 다른 이들에게 그것을 전해 주려고 애를 씁니다.

나는 재능 있는 사역자가 타락했다는 소식을 접할 때 사탄에게 화가 납니다. 주님에게 쓰임 받을 수 있는 훌륭한 능력과 재능을 가진 자들이 사탄의 특별한 목표물인 것처럼 보입니다. 나는 단지 사탄이 승리를 거두도록 내버려 두고 싶지 않을 뿐입니다. 나는 그들이 자신의 재능을 주님을 위해 사용하도록 하나님의 왕국을 위해 이들을 되찾으려고 애를 씁니다.

일생 동안 나는 넘어진 자들을 회복시키는 일을 많이 했습니다. 물론 그것은 내가 좋아하는 일입니다. 나는 오래된 고물을 가져다가 새롭고 유용한 것으로 만드는 일을 좋아합니다. 나는 한때 1957년형 포드의 스카이라이너를 몰았습니다. 만일 내가 맨 처음 그것을 구입할 때 당신이 그것을 보았다면, 폐차장에 들어갈 고물처럼 보였을 것입니다. 하지만 그와 같은 것을 가져다가 시간을 들여 작업하는데, 먼저 그것을 모두 분해해서 매끈하게 닦고 녹을 제거한 후에 다시 페인트를 칠하고 원래대로 조립하면, 마침내 고물에 불과하던 것에서 매력적이고 아름다운 것이 만들어지게 되는데, 이러한 작업에서 기쁨이나 성취감도 느낄 수 있습니다. 나는 낡은 집을 수리하는 것도 좋아합니다. 나의 딸은 항상 싸구려 폐가를 구입하고는 이렇게 말합니다. "아빠, 이리 좀 건너 와 보세요." 나는 이런 오래된 폐가를 개조해서 현대적이고 매력적인 건물로 만드는 것을 좋아합니다. 이와 동일한 원리가 사탄이 망쳐 놓은 인생들에도 적용됩니다.

나는 정말로 쓸모없는 인생들을 데려다가 양육하고 개조하고 복구하는 것을 좋아합니다. 대부분의 갈보리채플 사역자들을 보십시오! 그들의 인생은 정말로 난파된 배와 같았습니다. 그러나 하나님이 그들을 어떻게 회복시키셨는가를 보십시오. 또한 그러한 인생들로부터 나오는 부유함과 가치를 보십시오. 전혀 희망이 없는 고물이라고 세상이 내다 버린 것들이 영광스럽고 귀한 그릇으로 변화되는 것을 바라보게 되는데, 이는 바로 아름다운 하나님의 역사입니다.

우리는 이미 용서 받았기 때문에 이제는 다른 사람들을 용서할 필요가 있습니다. 우리는 이미 그분의 긍휼을 얻었기 때문에 이제는 긍휼을 베풀어야만 합니다. 우리는 이미 은혜를 입었기 때문에 이제는 은혜를 베풀어야만 합니다. 하나님의 은혜를 드러내고 전하는 것은 갈보리채플 사역의 중요한 일부분입니다.

요한복음 8장에는 매우 흥미로운 이야기 하나가 소개되어 있습니다. 예수님이 성전에 들어오셔서 사람들을 가르치기 위해 앉으셨습니다. 그런데 갑자기 큰 소동이 일어났습니다. "서기관들과 바리새인들이 간음하다가 붙잡힌 여자를 그분께 데리고 와서 그녀를 한 가운데 세우고 그분께 이르되, 선생님이여, 이 여자가 간음하다가 현장에서 붙잡혔나이다."(요한복음 8:3-4).

그리스도의 대적들은 계속해서 그분의 가르침이 모세와 상충한다는 것을 드러내려고 애를 쓰고 있었습니다. 일반적으로 당시 백성들은 모세가 그들에게 하나님의 율법을 가져다 준 하나님의 도구라고 인식했습니다. 그러므로 모세의 권위에 대해서는 전혀 의심의 여지가 없었습니다. 그는 하나님을 대변하는 사람이었습니다.

만일 예수님이 모세의 율법에 반하는 어떤 것을 말한다면, 그분은 하나님께로부터 왔다고 주장할 수 없었습니다. 그것은 바로 이혼에 관한 사안이었습니다. 그들은 한 남자가 어떤 이유로든지 자신의 아내를 버릴 수 있는가를 예수님께 물었습니다. 예수님은 다음과 같이 대답하셨습니다. "내가 너희에게 이르노니 누구든지 음행 외에 다른 이유로 자기 아내를 버리고 다른 여자와 결혼하는 자는 간음하며 또 누구든지 버림받은 여자와 결혼하는 자는 간음하느니라 하시니라."(마태복음 19:9). 그들은 모세가 이혼증서를 써 줄 것을 명령했다고 말했습니다. 그들은 예수님이 덫에 걸려들었다고 생각했습니다. 그러자 예수님은 모세 이전으로 돌아가 처음에는 그와 같지 않았다고 말씀하셨습니다. 모세는 사람들의 마음의 완고함 때문에 이혼 증서를 써 주도록 허락하였지만, 처음에는 그렇지 않았습니다.

그들은 다시 한 번 그분을 궁지로 몰아넣으려고 애쓰고 있었습니다. "이제 모세는 율법에서 이러한 자를 돌로 치라고 우리에게 명령하였거니와 선생님은 어떻게 말하겠나이까? 하니라. 그들이 그분을 시험하며 이렇게 말한 것은 그분을 고소하려 함이더라."(요한복음 8:5-6). 이것은 매우 명백했습니다. 하지만 예수님은 아무 말도 하시지 않았습니다. 그분은 마치 그들의 말을 듣지 못하신 것처럼 그저 몸을 굽혀 손가락으로 땅에 무엇인가를 쓰셨습니다.

그분은 땅 위에 무엇을 쓰셨을까요? 사실 나도 모릅니다. 그분은 "남자는 어디 있느냐?"라고 쓰셨을지도 모릅니다. 그들은 "이 여자가 간음하다가 현장에서 붙잡혔나이다."라고 말했습니다. 그렇다면 그들은 그 남자도 분명히 잡을 수 있었을 것입니다. 모세의 율법에 따르면, 그들을 둘 다 돌로 쳐야만 했습니다. 그러므로 만일 그들이 정말로 모세의 율법을 지키는 것에 관심이 있었다면, 그 남자 또한 거기에 끌고 왔어야 했습니다. 아마도 그 남자가 그들의 친구여서 그가 도망가도록 내버려 두었을지도 모릅니다. 사실상 그것은 정의가 아니었습니다.

예수님의 대적들은 화가 났습니다. 그분은 마치 그들을 무시하고 있는 것처럼 땅 위에 무엇인가를 쓰고 계셨습니다. 그러자 그들이 계속해서 그분께 물었습니다. 마침내 그분은 일어서서 그들에게 이렇게 말씀하셨습니다. "너희 중에 죄 없는 자가 먼저 그녀에게 돌을 던지라."(요한복음 8:7). 그리고 나서 다시 그분은 몸을 굽혀 땅 위에 무엇인가를 쓰셨습니다. 이번에는 그분이 무엇을 쓰셨을지 나는 알 것 같았습니다. 그분은 그 여자를 정죄하려고 거기에 서 있었던 사람들의 이름을 아마도 가장 나이 많은 사람부터 땅 위에 쓰셨을지도 모릅니다. 그분은 가장 나이 많은 사람이 저지른 많은 죄들을 쓰시기 시작했을 것입니다. 그리고는 그들이 연루된 몇몇 사건들의 구체적인 내용을 쓰기 시작하셨을 것입니다. 그러자 마침내 이 남자는 이렇게 말합니다. "아, 참, 아내가 오늘 일찍 들어오라고 했던 걸 깜박했네. 난 집에 가 봐야겠소." 그가 자리를 떠난 후에, 예수님은 그 다음 연장자의 이름을 쓰고는, 그가 자리를 떠날 때까지 그가 저지른 몇 가지 일들을 쓰시기 시작했을 것입니다. 최고 연장자에서부터 가장 나이 어린 사람까지 한 사람씩 차례로 그 자리를 떠났고, 마침내 아무도 거기에 남지 않았습니다. 그러자 예수님은 자리에서 일어나 그 여인을 바라보며 말씀하셨습니다. "여자여, 너를 고소하던 그 사람들이 어디 있느냐? 아무도 너를 정죄하지 아니하였느냐?" 그녀는 "주여, 아무도 하지 아니하였나이다."라고 말했습니다. 그러자 예수님은 그녀에게 이렇게 말씀하셨습니다. "나도 너를 정죄하지 아니하노니 가서 다시는 죄를 짓지 말라."(요한복음 8:10-11).

얼마나 아름다운 예수님의 반응입니까! "나도 너를 정죄하지 아니하노니 가서 다시는 죄를 짓지 말라."

심각한 사고가 나서 차들은 박살이 나고, 사람들은 사고의 충격으로 여기저기 심한 타박상을 입고 피를 흘리며 거리에 누워 있을 때, 두 종류의 응급 차량이 그곳에 도착합니다. 첫 번째로 보통 경찰차가 도착하는데, 그들은 먼저 교통을 통제하기 위해서 안전지대를 조성합니다. 그러고 나서 그들은 수첩을 꺼내 차들의 위치를 확인합니다. 그들은 바퀴의 미끄러진 자국을 측정하고 증인들을 면담하기 시작합니다.

그들의 일은 누가 법을 어겼는가를 찾아내는 것입니다. 누가 이 사고에 대한 책임을 져야 하는가? 그들의 주된 관심사는 어떤 법을 누가 위반했는가를 결정하는 것입니다.

두 번째 유형의 차량에는 구호대원들이 타고 있습니다. 그들은 이 사고에 대한 책임이 누구에게 있는가에 대해서는 별로 관심이 없을 수도 있습니다. 그들의 일은 피 흘리는 사람들을 돌보는 것입니다. 심장 모니터를 확인하고, 붕대를 감아 주고, 골절된 뼈가 있는지를 살피고, 사람들을 들것에 실어 구급차에 태워 보냅니다. 그들은 이 사고가 누구의 잘못인가를 생각하지 않습니다. 그들은 누군가를 비난하기 위해 거기에 오지 않습니다. 그들은 다친 사람들을 돕기 위해 거기에 있는 것입니다.

목회와 관련해서도 두 가지 유형의 태도가 있습니다. 먼저 경찰의 태도를 취하는 사람들이 있습니다. 그들은 비극적인 상황에 나타나서는 망가진 인생들 앞에서 규정 책자를 꺼내 듭니다. 그리고는 다음과 같이 규정을 읽어 내려갑니다. "당신은 묵비권을 행사할 수 있으며, 당신의 모든 진술은 법정에서 당신에게 불리하게 작용할 수도 있습니다." 그들은 매우 합법적인 방식으로 현장에 나타나서 누구의 잘못이고 누가 책임을 져야 하는가를 발견해 내고 그에 따른 규정을 읽어 주려고 애를 씁니다.

반면에 구호대원들에 더 가까운 사역자들도 있습니다. 그들은 누가 법을 위반했는가에는 그다지 관심이 없고, 오히려 어떻게 다친 사람들을 치유할 수 있을까에 관심을 보입니다. 어떻게 우리가 도울 수 있을까? 어떻게 우리가 이 다친 사람들을 돌볼 수 있을까? 어떻게 우리가 모든 것을 제자리에 돌려놓을 수 있을까? 어떻게 우리가 그들에게 치유를 가져다 줄 수 있을까?

요한복음 8장의 이야기에는 바리새인들이 등장합니다. 그들은 규정 책자를 꺼내 들고는 이렇게 말합니다. "이제 모세는 율법에서 이러한 자를 돌로 치라고 우리에게 명령하였거니와 선생님은 어떻게 말하겠나이까?" 그러나 예수님은 그녀를 정죄하기 보다는 그녀를 섬기고 도와 그녀의 인생을 제자리로 돌려놓는 데 관심이 있었습니다. "나도 너를 정죄하지 아니하노니…" 그분은 그녀를 다시 제자리에 되돌려 놓기를 원하셨습니다.

우리는 다친 사람들을 섬기려고 노력합니다. 우리는 다만 그들이 회복해서 다시 일어나 자기 역할을 해 나가기를 바랄 뿐입니다. 율법은 모세로부터 오지만 은혜와 진리는 예수 그리스도로부터 온다고 요한은 우리에게 말해 줍니다. 만일 내가 예수 그리스도의 사역자가 되려 한다면, 나는 반드시 그분의 은혜를 전해야만 합니다. 주변의 교회들과 사역들을 살펴보면, 많은 사람들이 주로 모세의 사역자들임을 알 수 있습니다. 그들은 매우 엄하고 율법주의적입니다. 누군가 율법을 범하면, 그들은 정확하게 율법이 말하는 바를 제시할 것입니다. 그러나 우리는 예수님이 "너희 중에 죄 없는 자가 먼저 그녀에게 돌을 던지라… 나도 너를 정죄하지 아니하노니"라고 말씀하고 계시는 것을 발견합니다.

그 동안 율법에 따라 정죄를 받은 많은 사람들을 회복시킬 수 있었던 것은 우리의 특권이자 기쁨이었습니다. 나는 회복이 있기 전에 반드시 진정한 회개가 있어야만 한다고 믿습니다. 나는 율법이 사람들을 예수 그리스도께로 인도하는 선생의 역할을 하도록 계획되었다고 믿습니다. 회개하지 않는 자들에게 율법이 필요한 것이며, 그곳이 바로 율법의 자리입니다. 합법적으로 사용될 때, 그것은 거룩하고 의롭고 선합니다. 그러나 때때로 우리는 회개 이후에도 도를 넘어서 율법의 형벌을 강요하고 싶어 합니다. 우리는 기꺼이 회복시키려고 하지 않습니다. 예수님은 은혜와 진리를 옹호하셨습니다. 우리는 항상 회복을 구해야 하지만, 회개가 반드시 있어야만 한다는 것을 잊지 말아야 할 것입니다.

여기저기 얻어맞고 상처투성이의 인생이 하나님의 왕국을 위해 다시 열매를 맺는 것을 바라보는 것은 정말로 멋진 일입니다. 그러나 은혜는 위험을 감수하지 않고는 베풀 수 없습니다. 때때로 나는 적절치 않게 다른 사람들을 용서하거나 그들에게 은혜를 베풀 수도 있습니다. 그들의 회개가 진심에서 우러난 것이 아닐 수도 있습니다. 그들은 여전히 숨은 의도를 가지고 있을지도 모릅니다. 나는 여전히 죄에 연루되어 있는 사람들에게 은혜를 베풀었고, 그들은 결국 나중에 나에게 해를 끼치고 말았습니다. 나는 완벽하지 않습니다. 나는 잘못 판단해서 자신의 악을 진실로 회개하지 않은 사람들에게 은혜를 베풀었습니다.

나는 회개했으리라고 추정되는 사람들을 모험하는 심정으로 교회의 직원으로 세웠는데, 이후에도 그들의 악한 특성은 여전히 남아 있었습니다. 나는 실수를 범했습니다. 그리고 앞으로도 나는 아마 실수할 것입니다. 하지만 분명히 말해 두지만, 만일 내가 실수를 한다면, 나는 심판의 편에서 보다는 은혜의 편에서 실수를 범하고 싶습니다.

에스겔서 34장에서 주님은 이스라엘의 목자들을 책망하셨습니다. 그들은 양들이 길을 잃게 만들었으며 잃어버린 양들을 찾으러 나가지도 않았습니다. 주님은 잃어버린 양들을 찾아 회복시키는 데 관심이 없는 그 목자들을 책망할 내용을 제법 많이 가지고 계셨습니다. 반대로 만일 그분이 용서하신 누군가를 내가 정죄했을 때보다, 하나님은 나와 나의 은혜에서 비롯된 실수에 대해 훨씬 더 관대하실 것이라고 나는 믿습니다.

판단하는 일에 대해 주의를 주는 성경 구절들을 몇 개 찾아볼 수 있습니다. "너희가 판단을 받지 아니하려거든 판단하지 말라."(마태복음 7:1). 다른 사람들을 판단할 때, 우리는 우리 자신의 판단을 위한 기준을 세웁니다. "다른 사람의 종을 판단하는 너는 누구냐? 그의 서거나 넘어짐이 그의 주인에게 달려 있은 즉 참으로 그가 세워지리니 하나님은 능히 그를 서게 하실 수 있느니라."(로마서 14:4). 나는 지나치게 판단하는 일, 다시 말해서 진실로 회개한 사람을 잘못 판단하는 일을 정말로 싫어합니다. 나는 내가 잘못 판단하는 입장에 서는 것을 정말로 싫어합니다. 그래서 나는 실수를 범하더라도 지나치게 은혜를 베풀고 싶은데, 이는 하나님이 내가 사람을 잘못 판단할 때보다 나에게 훨씬 더 많이 관대하심을 내가 알기 때문입니다. 나는 사람을 잘못 판단하는 죄를 범하고 싶지 않습니다.

율법주의에 빠지기란 참 쉽습니다. 우리는 이러한 유혹에 주의할 필요가 있습니다. 견고한 태도를 취하는 것을 조심하십시오. 대부분의 경우, "개혁주의 신학"에 심취하게 되면 일반적으로 율법주의에 빠지는 것을 보게 됩니다. 그들은 일이 꼼꼼하게 진행되는지를 확인하고 싶어 합니다. 개혁주의 신학이 장점을 가지고 있지만, 고슴도치에게도 장점은 있습니다. 그것을 너무 강하게 끌어안으면, 날카로운 가시에 찔리게 될 것입니다.

어떤 사람들은 내가 성경의 어떤 구절들에 대해 얼버무리고 넘어간다고 느끼기 때문에 이의를 제기하는데, 그들의 말도 옳습니다. 하지만 논란의 여지가 많은 문제들을 얼버무리는 것은 종종 의도적으로 이루어지는데, 이는 일반적으로 양측의 주장에 모두 일리가 있기 때문입니다. 나는 분열을 초래하지 않는 것과 사람들이 양극화되지 않도록 하는 것이 중요함을 발견했는데, 이는 그들이 양극화되는 순간 분열이 생기기 때문입니다.

하나님의 절대주권과 인간의 책임을 언급한 성경 기록들에 대한 이해의 문제가 바로 그 대표적인 예입니다. 성경은 사실상 둘 다를 가르치지만, 인간의 사고방식으로는 그것들은 서로 배타적입니다. 이 문제에 대해 분열을 초래하는 사람들은 우리가 둘 다를 믿을 수는 없다고 주장합니다. 왜냐하면 하나님의 절대주권을 강조하면, 인간의 책임이 설 자리가 없어지고, 반대로 인간의 책임을 강조하면, 하나님의 절대주권이 설 자리가 없어지기 때문입니다. 이러한 교리를 수용하고 그것의 논리적인 결론에 도달하게 되면, 바로 그러한 실수를 저지르게 됩니다. 인간의 논리를 사용하여 하나님의 절대주권을 논리적인 결론에 이르게 하면, 결국 인간은 어떤 선택도 할 수 없는 존재가 되어 버립니다.

그렇다면, 우리는 하나님의 절대주권과 인간의 책임에 대한 하나님의 말씀을 올바르게 나누는 일을 어떻게 다루어야만 할까요? 우리의 사고방식으로는 그것들의 균형을 유지할 수 없기 때문에 우리는 믿음을 통해 둘 다를 믿을 필요가 있습니다. 나는 그것들이 어떻게 하나가 되는지 이해할 수 없습니다. 그러나 나는 둘 다를 믿습니다. 나는 하나님이 절대적인 주권을 가지고 계심을 믿으며, 또한 나는 내가 책임 있는 존재이며 하나님이 나의 선택에 대해 내가 책임을 지도록 하신다고 믿습니다. 나는 단순하게 성경 기록에 등장하는 이 두 가지 주장이 모두 진실이라고 믿습니다.

최근에 어떤 목사가 칼빈주의에 관한 작은 책자를 냈는데, 표지 그림이 매우 흥미로웠습니다. 거기에는 저울이 하나 그려져 있었는데 한쪽에는 존 칼빈이, 다른 한쪽에는 요한복음 3장 16절이 놓여 있었습니다. 당신은 어느 쪽에 서시겠습니까?

양극화되지 마십시오. 또한 사람들이 양극화되도록 내버려 두지 마십시오. 그렇게 하는 순간 당신은 회중의 절반을 잃게 되는데, 이는 사람들이 이 문제에 대해서 상당히 고르게 둘로 나뉘기 때문입니다. 그래서 만일 당신이 극단적인 입장을 취하면, 당신은 회중의 절반을 잃게 될 것입니다. 당신은 정말로 회중의 절반을 잃고 싶습니까?

갈보리채플이라고 불리는 것의 장점 하나를 알고 계십니까? 사람들은 당신이 정말로 어느 교단에 속해 있는지 알지 못합니다. 당신의 직함에 침례교를 넣어 보십시오. 그러면 사람들은 당신이 어느 교단에 속해 있는지 알게 될 것이고, 절반의 사람들은 침례교라는 이유로 결코 당신의 교회에 오지 않을 것입니다. 당신의 이름에 장로교를 넣어 보십시오. 그러면 그들은 당신이 어느 교단에 속해 있는지 알게 될 것이고, 절반의 사람들은 장로교가 무엇을 믿는지 알기 때문에 결코 당신의 교회에 오지 않을 것입니다. 당신의 이름에 나사렛교를 넣으십시오. 그러면 그 즉시 그들은 당신을 따로 밀쳐 둘 것입니다. 그들은 당신이 누구인지 알고는 당신에게 갈 필요가 없게 될 것입니다.

하지만 갈보리채플은 일종의 신비감을 가지고 있습니다. "이 사람들은 무엇을 믿을까?" "나도 잘 모르겠는데, 가서 한번 알아보자." 전 영역이 우리의 사역의 대상입니다. 당신은 되도록 큰 연못에서 낚시하기를 원합니다. 어떤 상품을 광고할 때, 당신은 가능한 한 가장 큰 시장을 갖기 원합니다. 그러므로 시장을 잘게 썰어 놓고, "음, 우리는 여기 이 작은 시장에서만 낚시할 것입니다."라고 말하지 마십시오. 시장을 넓게 만드십시오. 큰 연못에서 낚시를 하십시오. 물고기들이 입질하는 곳에서 낚시하십시오.

제 6 장

말씀의 우선권

"내가 이를 때까지 읽는 것과 권면하는 것과 교리에 마음을 쏟으라."(디모데전서 4:13).

갈보리채플의 또 하나의 주된 특징은 하나님의 모든 말씀을 사람들에게 선포하려고 노력하는 것입니다. 이러한 원리는 바울이 사도행전 20장에서 에베소 교회의 장로들을 만났을 때 설명했습니다. 그들이 에베소 연안 지역에 있는 밀레도의 에게 해 해안가에 있을 때, 바울은 다음과 같이 말했습니다. "내가 모든 사람의 피로부터 깨끗하니 이는 내가 지금까지 회피하지 아니하고 하나님의 모든 계획을 너희에게 밝히 말하였기 때문이라"(사도행전 20:26-27).

그렇다면, "하나님의 모든 계획"을 밝히 말했다고 주장하는 것이 어떻게 가능할까요? 자신의 회중에게 이렇게 주장할 수 있는 유일한 방법은 창세기에서부터 계시록까지 하나님의 말씀 전부를 회중에게 가르치는 것입니다. 만일 당신이 회중에게 성경 전체를 가르쳤다면, 당신은 그들에게 "나는 꺼리지 않고 하나님의 뜻을 당신들에게 모두 전했습니다."라고 말할 수 있습니다.

주제별 설교로는 성경 전체를 가르칠 수 없습니다. 주제별 설교가 좋고, 또한 그것이 고유의 역할을 가지고 있지만, 주제별로 설교할 때 당신은 본성적으로 당신이 좋아하는 주제들만 설교하기 쉽습니다. 성경에는 그다지 기운 나게 하지 않는 주제들도 있습니다. 그것들은 사람들을 신이 나게 하지는 않지만, 꼭 다루어야만 하는 필요한 주제들입니다. 하지만, 이것들을 피하고 싶은 것이 인간의 본성입니다. 만일 당신이 주제별로만 설교를 한다면, 당신은 논란의 여지가 있거나 어려운 주제들을 피하고 싶을 수도 있고, 그렇게 되면 사람들은 하나님의 진리에 대한 균형 잡힌 관점을 갖지 못할 것입니다. 그러므로 성경 전체를 가르치는 일에 대한 대가로 우리는 "내가 꺼리지 않고 하나님의 모든 뜻을 당신들에게 전했습니다."라고 말할 수 있습니다.

이제 나는 갈보리채플 코스타 메사 교인들에게 "나는 여러분에게 하나님의 모든 뜻을 전했습니다."라고 말할 수 있는데, 왜냐하면 창세기부터 계시록까지 성경을 일곱 번 가르쳤기 때문입니다. 최근에 우리는 여덟 번째에 들어가기 시작했습니다. 우리는 어떤 것도 건너뛰지 않습니다. 그것이 바로 다수의 갈보리채플 교회들이나 가장 성공적인 교회들에서 성경 전체를 처음부터 끝까지 가르치는, 하나님의 말씀 전체에 대한 체계적인 가르침을 발견하게 되는 이유입니다.

대부분의 경우 갈보리채플의 가르치는 사역의 방식은 강해설교식입니다. 이는 우리가 특정한 주제에 대해 설교하지 않는다는 것을 의미하지는 않습니다. 또한 주제별 메시지가 잘못되었다거나 악하다고 말하는 것이 아닙니다. 그것은 그것 고유의 역할을 가지고 있습니다. 우리는 어떤 설교가 설교학적으로 옳으며 또한 강해설교식으로 이루어졌는지를 알아보기 위해 모든 설교를 분석하는 엄격한 율법주의에 빠지기를 원치 않습니다. 하지만, 대부분의 경우 우리는 다음과 같이 말한 이사야의 본보기를 따르고자 애를 씁니다. "그러나 주의 말씀이 그들에게 훈계 위에 훈계가 되며 훈계 위에 훈계가 되고 줄 위에 줄이 되며 줄 위에 줄이 되고 여기에도 조금 저기에도 조금 있었으니"(이사야서 28:13). 이 구절은 이사야의 가르치는 방식에 대한 사람들의 반응을 묘사하고 있습니다.

사람들은 이사야의 가르치는 방식을 비웃고 있었지만, 그것은 효과적인 방법이었습니다. 그들은 그의 가르침이 "훈계 위에 훈계가 되며 훈계 위에 훈계가 되고 줄 위에 줄이 되며 줄 위에 줄이 되고 여기에도 조금 저기에도 조금"이기 때문에 그가 돌아가서 어린아이들을 가르쳐야만 한다고 조롱하며 그에 대해 불평했습니다. 하지만, 훈계 위에 훈계가 되고 줄 위에 줄이 되도록 사람들에게 하나님의 말씀 전부를 가르치는 것은 매우 중요한 일입니다. 이렇게 할 때, 우리는 사람들에게 하나님의 모든 뜻을 전하게 됩니다.

하나님의 모든 뜻을 가르치는 일의 또 다른 이점은, 개인의 삶이나 교회 공동체 안에 있는 어려운 문제에 직면했을 때, 당신이 그들에게 직접적으로 설교할 수 있다는 것입니다. 우리는 사람들이 "오, 목사님이 오늘은 나를 겨냥해서 설교하시는 것 같아"라고 생각할 것을 걱정할 필요가 없습니다. 교인들은 그것이 단순히 순서에 따라 그 날 공부하게 된 성경 본문이라는 것을 알고 있습니다. 그러므로 "오 이런, 목사님이 정말 나를 비난하시는 것 같아."라는 생각을 할 수 없는데, 왜냐하면 당신이 특정한 주제를 선택한 것이 아니라 성경을 처음부터 끝까지 차례대로 설교하고 있다는 것을 교인들이 알고 있기 때문입니다. 우리는 다만 하나님의 말씀 전체를 차례로 공부하고 있을 뿐입니다.

느헤미야서 8장 8절에서 이스라엘 백성들이 바빌론으로부터 돌아와 성을 재건할 때, 지도자들은 백성들을 모으고 작은 강단을 만들었습니다. 그리고는 이른 아침에 하나님의 말씀을 백성들 앞에서 낭독하기 시작했습니다. "이와 같이 그들이 하나님의 율법에서 책에서 명료하게 낭독하고 의미를 알려 주어 그들로 하여금 그 낭독하는 것을 깨닫게 하니라."

나는 이것이 강해식 설교에 대한 훌륭한 정의라고 믿는데, 이는 말씀을 읽고, 의미를 알려 주고, 사람들로 하여금 그 의미를 깨닫게 하는 것입니다. 나의 경우, 특정한 구절을 오륙십 번은 읽어야 비로소 그 의미를 이해하기 시작합니다. 수차례 읽다 보면, 어느 순간 갑자기 그 구절의 의미가 내 마음에 들어오기 시작합니다. 성경 구절의 의미에 대한 이해를 돕기 위해 좋은 주석을 사용하는 것도 가치 있는 일이라고 믿습니다. 그리고 나는 성경의 구절들에 대해 하나님이 다른 사람들에게 주신 통찰력의 가치를 인정합니다. 하지만 이러한 주석들의 가치를 인정하고 또한 그것들을 읽는다고 말하면서도, 종종 내가 주석들을 읽지만 내가 사용할 수 있는 것은 철저하게 아무것도 얻지 못한다는 것을 나는 또한 고백하지 않을 수 없습니다. 때때로 어느 특정 구절에 대한 일곱 개의 주석서를 읽게 될 때, 당신은 시작할 때보다 그것들을 다 읽었을 때 오히려 더 많이 혼란스럽게 되는데, 이는 특정 구절에 대한 너무나 많은 서로 다른 개념들과 생각들이 있기 때문입니다. 그래서 나는 성경에 대한 가장 좋은 주석서 가운데 하나가 바로 성경 그 자체라고 믿습니다.

우리는 일반적으로 갈보리채플 교회에서 즉각적이거나 극적인 결과들을 기대하지 않는다는 것을 기억하는 것이 중요합니다. 사람들로 하여금 하나님의 말씀에 대한 흥미를 갖게 만들고 이를 발전시켜 가는 데는 시간이 필요합니다. 그들이 성장하는 데는 시간이 필요합니다. 새로운 지역에 세워진 대부분의 갈보리채플 교회들의 경우에, 기초를 놓고 터를 닦고 굳은 땅을 개간하고 땅을 갈고 비옥한 땅에 씨를 뿌리는 데는 이 년 정도 걸립니다. 그리고 나서는 기다려야만 합니다. 씨앗이 하룻밤 사이에 열매를 맺지는 않습니다. 씨앗은 좀 더 자라고 성장해야만 합니다. 그러나 마침내 그것은 열매를 맺기 시작합니다.

갈보리채플 교회를 개척한 대부분의 사역자들은 이 년이 다 되어 갈 즈음에 최악의 고비를 맞습니다. 그들은 보통 낙심합니다. 그들은 자신의 사역지에서는 갈보리채플 교회가 제대로 성장하지 않을 것이라고 생각합니다. 그들은 자신의 지역에 있는 사람들이 다른 사람들과 다르며, 또한 교회성장은 일어나지 않을 것이라고 믿기 시작합니다. 그 동안 교회를 개척하다가 이 년 쯤 후에 나에게 전화해서는 교회성장이 일어나지 않아서 사역지를 떠날 계획이라고 얼마나 많은 사람들이 말했는지 당신이 알면 매우 놀랄 것입니다.

나는 그들에게 다음과 같이 말하며 6개월 정도만 더 기다려 보라고 권면합니다. "이제 힘들고 어려운 시간은 다 지나 왔네. 땅을 가는 일은 다 끝나지 않았나. 땅을 개간하는 일은 다 끝났네. 씨 뿌리는 일을 마쳤으니, 이제 어떤 열매가 맺힐지 기다리며 지켜보게나." 일반적인 원리에 따르면, 하나님의 말씀의 씨앗을 사람들의 마음에 심고 나서 열매를 보기 시작하는 때는 세 번째 해입니다. "그러나 다른 것은 좋은 땅 속에 떨어지매 얼마는 백 배, 얼마는 육십 배, 얼마는 삼십 배의 열매를 내었느니라."(마태복음 13:8). 하지만 이러한 일이 하룻밤 사이에 일어나지는 않습니다.

불현듯 떠오른 영감과 열정을 가지고 갈보리채플 교회에 들어와서 일시적인 무리들을 만들어 내는 것처럼 보이는 사람들에게는 이것이 다소 실망스러울 수도 있습니다. 사람들은 기적이나 불꽃놀이를 구경하기 위해 몰려들고 있는데, 당신은 그저 일을 느릿느릿 해 나가고 있습니다. 당신의 사역에서는 많은 성장을 찾아볼 수 없지만, 다른 사역자들은 빠른 성장을 거두는 것처럼 보입니다. 하지만 주님은 다니엘에게 다음과 같이 말씀하셨습니다. "지혜로운 자들은 궁창의 광채같이 빛나고 많은 사람을 의로 돌아서게 하는 자들은 별들과 같이 영원무궁토록 빛나리라"(다니엘서 12:3).

7월 4일 미국 독립기념일에 불꽃놀이를 구경하는 것은 즐거운 일입니다. 하늘로 치솟는 불꽃들과 하늘을 가득 메워버린 가지각색의 화려한 불꽃들을 바라보며 모든 사람들은 탄성을 지르지만, 그것은 잠시 동안만 지속될 뿐입니다. 당신이 알아채기도 전에 그것은 재로 변해 버립니다. 그것은 아주 화려한 섬광이지만, 그것으로 끝입니다. 많은 사역들이 이와 같은데, 한순간 화려한 불꽃을 일으키지만 그것으로 끝입니다. 당신은 어떻게 빛나기를 원하는지 결정해야만 합니다. 당신은 하나의 별로 남아 영원히 빛나기를 원합니까? 아니면, 화려한 섬광을 발하며 극적으로 화면에 등장하지만 그 후로 더 이상 남아 있지 않는 하늘로 치솟는 불꽃처럼 되기를 원합니까?

제 7 장

예수 그리스도를 중심으로

"우리는 우리 자신을 선포하지 아니하며 오직 주 되신 그리스도 예수님과 또 예수님으로 인하여 너희의 종 된 우리 자신을 선포하노니"(고린도후서 4:5).

갈보리채플의 중요한 특징들 가운데 하나는 예수 그리스도께서 예배의 중심이 되신다는 것입니다. 우리는 사람들이 예수 그리스도께 집중하지 못하도록 방해하는 어떤 관습이나 행동도 허용하지 않습니다. 예를 들어, 우리는 교회에서 찬양할 때 사람들이 개인적으로 일어서는 것을 허용하지 않습니다. 어느 한 사람이 일어서는 순간, 그의 주변에 있는 사람들은 그를 의식하며 "그가 왜 일어서 있는 걸까?"라는 의구심을 갖기 시작합니다. 이미 초점은 예수님에게서 떠나 일어서 있는 그 사람에게 맞추어집니다.

사람의 눈은 흥미롭게도 움직임에 이끌립니다. 많은 경우에 나는 찬양 시간에 혼자 일어서는 사람들을 보게 되는데, 그들은 자신이 제대로 관심을 받지 못한다고 생각하고는 마침내 두 손을 들고 흔들기 시작합니다. 그것은 비로소 사람들의 시선을 끌기 시작합니다. 그것은 사람들의 주의를 산만하게 하는데, 갑자기 사람들은 그들이 왜 거기에 서 있는지 궁금해 합니다. "무슨 생각을 하고 있는 걸까? 지금 사람들의 관심이 자기들에게 쏠려 있다는 걸 그들은 알고 있을까? 도대체 무슨 일이 일어나고 있는 거야?" 이러한 일들이 제대로 다루어져야 한다고 생각하는데, 왜냐하면 이와 같은 일들로 인해 당신은 교인들을 잃게 될 것이기 때문입니다. 만일 내가 어느 교회에 갔을 때 이런 일들이 일어나고 있다면, 나는 설교는 좋았지만 이 모든 다른 일들은 내가 감당할 수 없다고 생각할지도 모릅니다.

얼마 전에 어느 갈보리채플 교회를 방문했는데, 그 교회에서는 사람들이 개인적으로 일어서는 것을 허용했습니다. 불행하게도, 어느 한 사람이 시작하면 나머지 사람들도 일반적으로 그것을 따라합니다. 매일 밤 예배 시간에 맨 앞줄에 앉는 교인 한 사람은 단지 서 있는 것 그 이상이었습니다. 그는 맨 앞에서 정말로 춤을 추고 있었습니다. 그가 제정신이 아니라는 것은 명백했고, 그는 틀림없이 심리적인 필요를 가지고 있었습니다. 그는 그의 이상한 행위를 실행할 수 있고 또한 그것을 받아주는 환경을 마침내 발견한 것입니다. 하지만 그것은 극도로 사람들의 주의를 산만하게 만드는 것이었습니다. 나는 그 일에 대해 담당 목사에게 말했지만, 그는 그 관습을 옹호했고, 나는 '그렇다면 소수의 교인들로 만족해야 할 거요.'라고 생각했습니다.

갈보리채플 코스타 메사에서는, 누군가 일어서면 안내원이 그에게 다가가 그를 휴게실로 안내하고는, 부목사들 가운데 한 사람이 거기에서 그에게 부드럽게 다음과 같이 설명합니다. "그와 같은 행동이 교인들의 주의를 산만하게 하기 때문에 우리는 예배 시간에 그렇게 하지 않습니다. 당신도 예수 그리스도로부터 교인들의 주의를 빼앗아 당신 자신에게 돌리고 싶지는 않을 거예요, 그렇지요?"

그들은 그들 자신에게 주의를 끌고 있었고, 그로 인해 교인들은 예수님께 집중하지 못하고 있었다고 우리는 그들에게 말해 줍니다. 우리는 사랑 가운데 그들에게 말하고 그렇게 행하지 말 것을 제안하는데, 만일 그들이 화를 낸다면 그것은 그동안 그들이 육체 가운데 있었음을 말해 줍니다. 만일 그들이 정말로 성령 안에 거하고 성령 안에서 걷는다면, 그들은 기꺼이 그것을 받아들일 것입니다. 그들은 이렇게 말할 것입니다. "오, 제가 미처 그것은 깨닫지 못했어요. 죄송합니다." 그러나 만일 그들이 발끈 성을 낸다면, 그들은 육체 가운데 있는 것입니다.

예수님은 다음과 같이 말씀하셨습니다. "너희는 사람들에게 보이려고 그들 앞에서 구제하지 아니하도록 주의하라. 그렇지 않으면 너희가 하늘에 계신 너희 아버지께 보상을 받지 못하느니라."(마태복음 6:1). 그리고 나서 주님은 의로운 예배 행위를 할 때, 사람들이 어떻게 다른 사람들의 주의를 자기들에게 쏠리게 하려고 애쓰는지를 설명하셨습니다. 좋든 싫든 간에, 다른 모든 사람들이 앉아 있을 때 당신이 일어나서 손을 흔들게 되면, 당신은 사람들의 주의를 끌게 됩니다.

또 다른 갈보리채플 교회에서는 머리에 보닛을 쓰고 다소 촌스러운 한 벌의 옷을 똑같이 갖추어 입은 여자들이 앞에 나와 찬양에 맞춰 그것을 설명하는 춤을 추었습니다. 나의 주의를 산만하게 하는 것이 있다면, 바로 그것이었습니다. 그들의 우아한 동작은 상당히 훌륭했지만, 나는 그날 밤 찬양에서 얻은 것이 별로 없었다는 것을 깨달았습니다. 나는 단지 찬양에 대한 그들의 해석을 이해하려고 애쓰면서 이 여성들과 그들의 우아한 동작들을 지켜보았습니다. 그래서 나는 다시 한 번 담당 목사에게 말했고, 그는 내 말을 이해하고는 그 즉시 그것을 그만두게 했습니다.

스위스 바질에 협력교회가 하나 있었는데, 이 교회는 그 당시 유럽에서 가장 신나는 교회들 가운데 하나였을 것입니다. 잠재력 면에서나 당시 상황으로 볼 때에도 그 교회는 유럽에서 가장 규모가 큰 개신교회였습니다. 매년 나는 바질로 건너가 그 교회에서 말씀을 전하곤 했습니다. 정말로 신나는 일이었습니다. 그들은 갈보리채플의 모든 비전을 받아들였습니다. 그들의 모임에는 성가대와 훌륭한 찬양팀과 하나님의 말씀에 대한 가르침이 있었습니다. 수백 명의 젊은이들이 일요일 밤마다 아름다운 고딕 양식의 그 교회로 몰려들었습니다. 국교회가 그 장소를 사용하도록 허락해 주었습니다. 국교회는 일요일 아침에만 그곳을 사용하고 있었습니다. 겨우 여섯 명의 노인들만 그 예배에 참석하고 있었기 때문에, 그 교회의 감독은 갈보리채플 교회가 일요일 밤에 그곳을 사용하도록 허락했습니다. 그곳은 난간에까지 사람들로 가득 찼고, 그곳에서 이루어지는 대규모의 전도활동은 활기 있는 사역을 이어가게 했습니다. 마침내 그들은 커피숍도 하나 운영하게 되었는데, 사실상 그들은 훌륭한 프로그램 하나를 진행하고 있었습니다. 그들은 히피들과 마약에 중독된 아이들을 다루고 있었습니다. 그 교회는 마약이 들끓는 지역의 한 가운데 위치해 있었는데, 새롭게 신앙생활을 시작하게 된 아이들은 거처할 곳이 필요했고, 교회는 그들에게 거할 곳을 제공했습니다. 그 교회는 또한 다양한 유형의 이색적인 기념품들을 생산하는 공장들을 개발했는데, 이 또한 성공적인 모험이었습니다. 아이들은 그곳에서 고용되어 일했고, 예술적인 재능을 가진 이들은 그들의 재능을 사용할 수 있었습니다. 그것은 맹렬한 기세로 진행되고 있었습니다.

그런데 마지막으로 내가 그곳을 방문했을 때, 그들은 몸에 착 달라붙는 옷을 입은 두 여자가 인도하는 춤에 빠져 있었습니다. 그들은 오순절 계통의 부목사를 초빙했는데, 그는 이것을 다룰 정도로 단호하지 않았습니다. 한번은 예배 모임 후에 나는 그에게 다음과 같이 말했습니다. "이것은 그만두어야 합니다. 당신들에게 그것은 재앙이 될 것입니다." 사실상, 그는 예배 모임을 통제할 수조차 없었습니다. 한번은 내가 설교할 시간이 되었을 때, 이 여자들이 그 목사에게 다가가더니 그의 귀에 대고 무엇인가를 속삭였고, 그러고 나서 그들은 찬양을 한 곡 더 부르면서 춤을 추었습니다. 목사가 아닌 그 여자들이 예배 모임을 통제하고 있었습니다. 그래서 나는 이 일에 대해 목사에게 조언했지만, 그는 이 문제를 직시하고 싶어 하지 않았습니다. 결과적으로, 오늘날 바질에는 우리의 협력교회가 더 이상 존재하지 않습니다. 그 목사는 교회를 떠났고, 오순절파 교인들이 교회에 들어와 기존의 교인들을 몰아냈습니다. 지금은 그곳에서 어떤 사역도 이루어지고 있지 않습니다.

그러므로 예수 그리스도께 초점을 맞추고 주의를 산만하게 하는 것을 최소화하는 것은 중요한 일입니다. 주의가 산만해질 때 바로 그것을 다루고, 필요하다면 공개적으로 그것에 대해 말하십시오.

내가 성경대학에 다닐 때, 항상 맨 앞줄에 앉는 학생이 있었습니다. 보통 하나님의 영이 사람들의 마음 가운데 역사하시는 가장 중요한 순간에, 그는 엎드렸다가 "할렐루야!"라고 외치면서 손을 들고 일어섭니다. 그러면 모든 사람들이 그를 바라보며 웃곤 했습니다. 하지만 그 순간 모든 사람들의 주의가 "할렐루야!"라고 외치는 이 사람에게 집중되었습니다. 사람들은 설교의 핵심을 놓쳐 버렸습니다. 그는 그의 이상한 행동 때문에 너무나 많은 설교를 망쳐 버렸습니다. 그래서 나는 직접 그것을 못하게 하기로 결심했습니다! 나는 그의 바로 뒷줄에 앉아서, 그가 "할렐루야"를 외치려는 자세를 취할 때, 그의 어깨를 붙잡고 일어서지 못하도록 꽉 누르기 시작했습니다. 다른 어느 누구도 그를 멈추게 할 용기가 없었습니다. 그들은 단지 그것을 그냥 그대로 내버려 두었고, 그것은 사람들의 주의를 심히 산만하게 했습니다!

몇 년 전 나는 콜로라도 스프링스에서 있었던 어느 수련회에 참석했는데, 그곳에 조금 모자라 보이는 한 남자가 앞줄에 앉아 있었습니다. 그는 그냥 보기만 해도 모자라는 사람이라는 것을 알아차릴 수 있었습니다. 아니나 다를까 우리가 모두 찬양을 부르는 동안, 그는 좁은 통로에서 깡충깡충 뛰어다니며 춤을 추었습니다. 나는 담당 목사에게 물었습니다. "왜 그런 것을 허용하는 거죠?" 그러자 그는 "저, 그들은 자유를 누리기를 원하고 있습니다."라고 말했습니다. 그래서 나는 다음과 같이 대답했습니다. "이것 보세요. 그것은 자유가 아닙니다. 만일 내가 이 교회에 처음 와서 앞줄에 앉아 있던 그 사람을 보았다면, 나는 두 번 다시 이 교회에 오지 않을 겁니다. 나는 이 교회가 이상하다고 생각할 거예요!"

우리는 잘못된 것을 그만두게 할 용기가 없기 때문에 그것들을 그냥 받아들입니다. 우리는 성령을 소멸한다는 비난을 받을까봐 두려워합니다. 나는 그와 같은 영은 소멸시킬 것입니다! 성령이 아니라, 사람들이 주님을 예배하는 것을 방해하고, 어느 한 사람에게 사람들의 주의가 쏠리도록 하려고 애쓰는 영, 바로 그런 영은 소멸되어야 합니다.

한 때 갈보리채플에도 예배 도중에 일어나서 방언을 하려고 했던 사람들이 있었습니다. 그 때 안내자들이 이를 감지하고는 그들을 휴게실로 안내했고, 목사들은 그들에게 우리는 공중 앞에서의 방언이나 예언을 허용하지 않는다고 설명했습니다. 그리고 나도 강단에서 방언의 은사가 유효하지만, 적절한 장소에 따라 이루어져야 한다고 회중에게 설명했습니다. 바울은 그의 개인적인 경험으로부터 그가 교회에서는 알지 못하는 언어로 만 마디 말을 하느니 차라리 이해할 수 있는 다섯 마디 말을 하겠노라고 꼬집어 말했습니다(고린도전서 14:19). 하지만, 그는 그가 고린도 교인들 모두보다 방언을 더 많이 말하는 것에 대해 하나님께 감사했습니다(고린도전서 14:18). 당신의 개인적인 헌신의 시간에는 방언이 매우 유익한 경험입니다. 그것은 당신이 하나님을 찬양하고 경배할 수 있는 하나의 수단입니다. 그러나 갈보리채플 규모의 교회에서는 몇몇 사람들이 통변조차 전혀 들을 수 없기 때문에, 통변이 있을지라도 공중예배 시간에 이 은사를 사용하는 것은 유익하지 않습니다. 그것은 유익하지도 편리하지도 않기 때문에 우리는 그것을 행하지 않습니다. 우리는 공중예배 시간에는 그것을 허용하지 않지만, 개인이 자신의 개인적인 헌신의 시간에 그 은사를 사용하고 활용하도록 권장합니다.

만일 믿는 자들로 구성된 소그룹이 기도하기 위해 모인다면, 통변과 함께 방언의 은사를 사용할 수 있습니다. 하지만 그 모임에 믿지 않는 자가 있다면, 방언의 은사는 그를 혼란과 의문에 휩싸이게 만듭니다. 그러므로 저녁노을 배경 속에서 우리가 하는 것처럼 특별히 주님을 기다리기 위해 함께 모인 믿는 자들로 그것을 제한하는 것이 가장 좋습니다. 그런 상황에서는 그것이 유익합니다. 사람들은 단순히 주님과 성령의 충만함을 구하고 있기 때문에, 그러한 환경에서는 그것이 허용될 수 있습니다.

바울은 고린도전서 1장 29절에서 "이것은 어떤 육체도 자신 앞에서 자랑하지 못하게 하려 하심이라."고 말했습니다. 나는 주님의 임재 안에서 우리들 자신에게 주의가 쏠리도록 하는 것이 얼마나 심각한 일인지를 우리가 인식하고 있는지 의심스럽습니다. 우리는 정말로 예수 그리스도께 사람들의 주의가 집중되지 않도록 방해하고, 그것을 우리들 자신에게로 돌리기를 원합니까? 나는 그것이 매우 심각한 범죄라고 생각합니다. 그리고 나는 의심의 여지없이 그러한 죄를 범하고 싶지 않을 것입니다.

우리는 이러한 죄가 얼마나 심각한 것인지를 보여주는 매우 흥미로운 경우를 구약성경에서 찾아볼 수 있습니다. 이스라엘 백성이 성막과 그곳에서 사용할 모든 비품들을 완성했을 때, 주께 제사를 드리고 봉헌하기 위해 다함께 모였습니다. 이스라엘 회중이 소집

되었고 모든 사람은 제 위치에 있었습니다. 아론과 그의 아들들은 제사장의 옷을 입었고, 하나님의 계획에 따르면 전체적인 장면은 질서 있게 그려졌습니다. 백성들이 거기에서 행사가 시작되기를 기다리고 있을 때, 갑자기 불이 주 앞에서 나와 제단 위의 헌물과 기름을 태워 버렸습니다. 그것은 자연 연소였습니다. 모든 백성이 하나님의 임재의 신호를 보았고 소리를 지르며 엎드렸습니다. 하나님이 그분의 백성과 함께 계신다는 것을 깨달으면서 백성은 흥분과 한없는 감동에 사로잡혔습니다. 그 때 아론의 두 아들 나답과 아비후가 자기의 향로를 가져다가 주께서 그들에게 드리라고 명하지 아니한 이상한 불을 그분 앞에 드렸습니다. 그러자 불이 제단으로부터 나와 그들을 삼켰다고 성경은 말합니다(레위기 10장).

나는 그들이 그 순간의 흥분된 감정에 사로잡혔다고 믿습니다. 그들은 백성들에게 제사장으로서의 그들의 위치와 그들이 얼마나 중요한 존재인가를 보여 주려고 했습니다. 결과적으로 그들은 불에 전소되었습니다.

나는 이상한 불을 매우 경계합니다. 하나님께로부터 나오지 않은 그러한 감정들이나 하나님에게서 비롯되지 않은 예배와 같은 이상한 불을 당신 또한 매우 조심하기를 원합니다. 그것은 주인보다도 오히려 주인의 도구에게 주의를 돌리려는 시도입니다.

우리는 이와 같은 예를 초대교회에서도 찾아볼 수 있는데, 이것 또한 찬양과 영광을 어느 개인에게 돌리려는 시도였습니다. 아나니아와 삽비라는 그들의 소유를 팔아 그들이 받은 수익금의 일부를 교회에 바쳤습니다. 하지만 그들은 전부를 바치는 것처럼 행동했습니다. 이는 사람들의 감탄과 찬사를 이끌어 내는 것이었는데, 아마도 사람들은 "저걸 좀 봐. 그들은 하나님께 모든 걸 바치고 있어!"라고 말했을 것입니다. 사실상 그들은 수익금의 일부를 감추고 있었습니다.

우리들 모두는 그와 같은 사람들의 관심을 좋아합니다. 우리가 영적이라고 사람들이 생각하는 것을 우리는 좋아합니다. 조심하십시오! 우리의 육체는 심히 부패했습니다. 나는 대단히 영적인 사람으로 알려지기를 원합니다. 나의 육체는 내가 실제보다 더 영적이라고 사람들이 생각하는 것을 한껏 즐깁니다. 때때로 우리는 의도적으로 이러한 인상을 주려고 애를 쓰는데, 이는 교회의 저주들 가운데 하나였다고 나는 생각합니다. 어떤 목사들은 깊은 영성을 가졌다는 인상을 주려고 애를 씁니다.

그것은 그들의 행동에 영향을 주기 시작합니다. 그들은 매우 거룩하게 들리는 목소리를 내고, 특별한 방식으로 손을 모으고는, "오, 사랑하는 자매님, 그것에 대해 저에게 모두 말해 보세요."라고 말합니다. 그들의 전체적인 태도가 바뀌고, 그들의 이러한 태도는 거룩한 사람이라는 인상을 줍니다. 그리고 그들은 그것을 좋아합니다. 그들은 그들이 영적인 거인이라고 사람들이 생각하기를 좋아합니다. 그들은 그들이 많은 시간을 기도하며 보낸다고 사람들이 생각하기를 원합니다. 그들은 미소를 지으며, "아시겠지만, 그것은 많은 헌신이 필요한 일이에요."라고 말합니다.

우리는 정말로 우리들 주위의 분위기를 만드는 것과 사람들이 보내는 지나친 칭찬을 좋아하는 일에 신중할 필요가 있습니다. 아나니야와 삽비라의 경우, 그들이 사람들의 관심과 영광을 그들 자신에게 돌렸기 때문에 가차 없이 징계를 받았습니다. 그들이 받은 영광은 주께로 돌려졌어야 했던 것입니다. 그로 인해 그들은 가혹한 대가를 치렀습니다. 하나님은 그분의 영광을 다른 어떤 존재와도 나누기를 원하시지 않습니다. 조심하십시오! 사람들의 주의를 빼앗는 일은 어떤 것도 허용하지 마십시오. 우리는 사람들이 예수님께 집중하기를 원합니다. 예수 그리스도께서 우리의 예배의 주된 초점이 되도록 하는 것은 매우 중요한 일입니다.

제 8 장

교회의 휴거

"저 복된 소망과 위대하신 하나님 곧 우리의 구원자 예수 그리스도의 영광스런 나타나심을 기다리게 하셨느니라."(디도서 2:13).

휴거란 예수님이 예고 없이 오셔서 이 땅으로부터 그분의 교회를 데려가시는 때를 말합니다. 휴거 이후에는 주께서 이 죄 많은 세상에 그분의 진노를 쏟아 부으실 것입니다. 많은 목회자들이 휴거에 대해 잘 모른다고 주장하거나, 그 일이 대환난보다 앞서게 될지 잘 모른다고 말합니다. 그들은 이 문제에 관련해서 그들이 어떤 입장을 취할 것인지 잘 모른다고 말합니다. 나는 이 문제에 관련해서 어떤 입장을 취하지 않는 것에 대한 변명의 여지가 없다고 생각합니다. 우리에게는 성경이 있고, 우리는 이 주제를 철저하게 연구할 수 있는 역량을 가지고 있습니다. 나는 휴거에 대한 당신의 관점이 당신의 사역의 성공에 중대한 영향을 미칠 것이라고 믿습니다.

무엇보다도, 우리는 예수님이 다시 오신다고 약속하신 것을 알고 있습니다. 요한복음 14장에서 예수님은 다음과 같이 말씀하셨습니다. "너희는 마음에 근심하지 말라. 하나님을 믿고 또 나를 믿으라. 내 아버지 집에 거할 곳이 많도다. 그렇지 않으면 내가 너희에게 말해 주었으리라. 내가 너희를 위해 처소를 예비하러 가노니 가서 너희를 위해 처소를 예비하면 내가 다시 와서 너희를 내게로 받아들여 내가 있는 곳에 거기에 너희도 있게 하리라."(1-3절). 그분이 계신 곳에 우리 또한 있을 수 있도록, 주님은 다시 오셔서 제자들을 받아주시겠다고 약속하십니다.

고린도 교인들에게 보내는 서신에서 바울은 "보라, 내가 너희에게 한 가지 신비를 알리노니"(고린도전서 15:51)라고 선포했습니다. 하나님은 그분 자신과 그분의 목적들과 인간에 대한 그분의 계획을 점진적으로 계시하시는데, 신약에서 신비란 이러한 차원에서 하나님이 아직 계시하시지 않은 그 무엇을 말합니다.

예를 들어, 바울은 이것에 관해 골로새 교인들에게 다음과 같이 말했습니다. "하나님께서는 이방인들 가운데서 이 신비의 영광이 얼마나 풍성한가를 자신의 성도들에게 알리려 하시는데 이 신비는 너희 안에 계신 그리스도 곧 영광의 소망이시니라."(골로새서 1:27). 구약의 대언자들은 그리스도께서 우리 안에 계신다는 것이 무엇을 의미하는지 이해하지 못했습니다. 심지어 천사들도 이러한 것들을 알기를 간절히 원합니다(베드로전서 1:12). 고린도전서 15:51에서 우리는 이전에 한 번도 드러나지 않은 다음과 같은 또 다른 진리를 접하게 됩니다. "우리가 다 잠자지 아니하고 마지막 나팔 소리가 날 때에 눈 깜짝할 사이에 순식간에 다 변화되리라."

성경은 "우리가 다 변화되리라"고 선포하는데, 이는 변형이 일어날 것을 의미합니다. "이 썩을 것이 반드시 썩지 아니함을 입고 이 죽을 것이 반드시 죽지 아니함을 입으리로다."(고린도전서 15:53). 모든 믿는 자들은 예수 그리스도께서 그분의 교회를 위해 다시 오시는 날에 영광스러운 변화를 경험할 것입니다.

데살로니가 교인들은 이것과 관련된 문제를 가지고 있었습니다. 바울은 그곳에서 2주 동안 사역했을 뿐이지만, 그 짧은 시간 동안 그는 그들에게 많은 것들을 가르쳤습니다. 그가 그들에게 가르친 것들 가운데 하나는 교회의 휴거와 관련된 것이었습니다. 데살로니가 교인들은 하나님의 나라를 기다리고 있었습니다.

모든 세대의 교회가 자기들이 마지막 세대라고 믿는 것이 하나님의 의도였다고 나는 믿습니다. 나는 또한 교회가 주님의 다시 오심을 끊임없이 기대하며 사는 것이 하나님의 거룩하신 계획이라고 믿습니다. 예수님은 그분의 다시 오심에 관련해서 다음과 같이 말씀하셨습니다. "그의 주인이 올 때에 그가 그렇게 하고 있는 것을 보면 그 종이 복이 있도다."(마태복음 24:46).

초대교회는 예수님이 즉시 하나님의 왕국을 세우실 것이라고 믿었습니다. 사도행전 1장에서 제자들은 예수님께 다음과 같이 물었습니다. "주여, 주께서 이때에 그 왕국을 이스라엘에게 다시 회복시켜 주고자 하시나이까?"(사도행전 1:6) "그 날이 며칠 남지 않았지요?" 그들은 언제라도 주님이 왕국을 세우실 것을 기대하고 있었기 때문에 매우 흥분해 있었습니다.

이에 대해 예수님은 다음과 같이 대답하셨습니다. "그 때나 그 시기는 아버지께서 자신의 권능 안에 두셨으니 너희가 알 바 아니요, 오직 성령님께서 너희에게 임하신 후에 너희가 권능을 받고"(사도행전 1:7-8).

당시 초대교회에는 요한이 죽기 전에 주님이 다시 오신다는 소문이 있었습니다. 요한이 감기에 걸리거나 목이 아플 때마다 온 교회가 흥분했습니다. 그래서 요한은 예수님이 말씀하신 것을 분명히 하기 위해 그의 복음서에서 이에 관해 기록했습니다. 예수님이 베드로에게 그가 어떻게 죽을 것인지 말씀하실 때, 베드로가 그의 전형적인 태도로, "주여, 이 사람은 무엇을 하리이까?"라고 물었습니다. 그러자 예수님은 다음과 같이 대답하셨습니다. "내가 올 때까지 그가 머물기를 내가 원할지라도 그것이 너와 무슨 상관이 있느냐? 너는 나를 따르라."(요한복음 21:22). 예수님이 그가 머물도록 하시겠다고 말씀하시지 않고, "그가 머물기를 내가 원할지라도"라고 말씀하신 것에 요한은 주목했습니다. 그러므로 요한은 그가 죽기 전에 예수님이 오신다는 잘못된 개념을 바로잡으려고 애를 썼습니다.

데살로니가 교인들은 주님이 다시 오시기를 기다리고 있었는데, 데살로니가 교회에 속한 그들의 사랑하는 몇몇 형제들이 죽고, 주님은 여전히 오시지 않았습니다. 예수님이 다시 오시기 전에 그들이 죽었기 때문에 그들은 영광스러운 왕국에서 제외될 것이라고 그들은 믿었습니다. 데살로니가전서 4장에서 바울은 만일 어떤 사람이 예수님이 다시 오시기 전에 죽는다면, 그는 하나님의 왕국에서 제외될 것이라는 잘못된 개념을 바로잡았습니다. 그는 다음과 같이 말했습니다. "잠자는 자들에 관하여 너희가 모르기를 내가 원치 아니하노니 이것은 너희가 아무 소망 없는 다른 사람들 같이 슬퍼하지 아니하게 하려 함이라."(데살로니가전서 4:13). 바울은 계속해서 다음과 같이 말했습니다. "우리가 예수님께서 죽으셨다가 다시 일어나셨음을 믿을진대 그와 같이 예수님 안에서 잠자는 자들도 하나님께서 그분과 함께 데려오시리라. 우리가 주의 말씀으로 너희에게 이것을 말하노니 주께서 오실 때까지 살아서 남아 있는 우리가 결코 잠자는 자들보다 앞서지 못하리라."(14-15절). 바울은 주님이 오시는 날까지 그가 살아서 남아 있을 것이라고 믿었습니다. 그는 우리가 잠자는 자들을 앞서지 못할 것이라는 점을 강조했습니다. "주께서 호령과 천사장의 음성과 하나님의 나팔소리와 함께 친히 하늘로부터 내려오시리니 그리스도 안에서 죽은 자들이 먼저 일어나고 그 뒤에 살아서 남아 있는 우리가 그들과 함께 구름들 속으로 채여 올라가 공중에서 주를 만나리라. 그리하여 우리가 항상 주와 함께 있으리라. 그러므로 이 말씀들로 서로 위로하라."(16-18절).

성경 전체를 살펴보았지만, "휴거"라는 말을 본 적이 없기 때문에 "나는 교회의 휴거를 믿지 않아요."라고 말하는 사람들이 있습니다. 하지만 데살로니가전서 4장 17절에서 이와 관련된 어구를 발견할 수 있습니다. "그 뒤에 살아서 남아 있는 우리가 그들과 함께 구름들 속으로 채여 올라가 공중에서 주를 만나리라. 그리하여 우리가 항상 주와 함께 있으리라."

"채여 올라가"(caught up)라고 번역된 이 단어는 헬라어로 '하르파조'[harpazo]인데, 이는 '강제로 끌려가는 것'을 의미합니다. 그것은 일반적으로 인질을 데려가는 것과 관련된 군사 용어로 사용됩니다. 라틴 벌게이트 성경은 '하르파조'를 '랍투스'[raptuse]로 번역했는데, 여기에서 영어 단어 'rapture'(휴거)가 파생되었습니다. 예수님은 그분의 교회를 휴거시키기 위해 다시 오실 것입니다. 그것이 첫 번째 일어날 사건입니다.

두 번째 사건은 예수 그리스도의 재림인데, 그분은 이 땅에 그분의 왕국을 세우시기 위해 그분의 교회와 함께 다시 오십니다. 그렇다면 휴거는 예수 그리스도의 재림과는 구별되는 사건입니다. 요한계시록은 다음과 같이 말합니다. "보라, 그분께서 구름들과 함께 오시느니라. 모든 눈이 그분을 보겠고 그분을 찌른 자들도 볼 것이요, 땅의 모든 족속들이 그분으로 인하여 통곡하리니 참으로 그러하리로다. 아멘."(요한계시록 1:7). 그리고 "우리의 생명이신 그리스도께서 나타나실 때에 너희도 그분과 함께 영광 가운데 나타나리라."(골로새서 3:4). 예수님의 재림은 이 땅 위에 하나님의 왕국을 세우는 것이 될 것입니다. 하지만 주님의 재림이 있기 전에, 교회가 그분과 함께 있기 위해 끌려 올라가는 사건이 일어날 것입니다. 이 사건에서 내가 가장 좋아하는 부분은, "그리하여 우리가 항상 주와 함께 있으리라."(데살로니가전서 4:17)입니다.

예수님이 그분의 교회를 위해 오시는 것과 그분의 교회와 함께 오시는 것에는 분명한 차이가 있습니다. 휴거 때에는 그분이 교회를 위해 오실 것입니다. 하지만 예수님의 재림의 때에는 그분이 교회와 함께 오실 것입니다. "우리의 생명이신 그리스도께서 나타나실 때에"(그분의 재림의 때에), "너희도 그분과 함께 영광 가운데 나타나리라."(골로새서 3:4).

유다서 14절도 예수님의 재림에 대해 다음과 같이 말합니다. "아담으로부터 일곱 번째 사람인 에녹도 이들에 관해 대언하여 이르되, 보라 주께서 자신의 수만 성도와 함께 오시나니." 대언자 스가랴도 이에 관해 다음과 같이 말했습니다. "그 날에 그분의 발이 예루살렘 앞 동쪽에 있는 올리브 산 위에 설 것이요, 올리브 산이 거기의 한가운데서 동쪽과 서쪽으로 갈라지므로 심히 큰 골짜기가 생길 것이며 그 산의 반은 북쪽으로 그 산의 반은 남쪽으로 이동하리라. 그런즉 너희가 그 산들의 골짜기로 도망하리니 이는 그 산들의 골짜기가 아살에까지 이를 것이기 때문이라. 참으로 너희가 도망하되 유다 왕 웃시야 시대에 지진 앞에서 피하여 도망한 것 같이 하리라. 또 주 내 하나님께서 임하실 것이요, 모든 성도가 너와 함께 임하리라."(스가랴서 14:4-5).

휴거는 아무 때나 일어날 수 있습니다. 휴거가 일어나기 전에 성취되어야만 하는 대언은 전혀 없습니다. 당신이 이번 장을 다 읽기 전에 휴거가 일어날 수도 있습니다. 만일 그렇게 된다면, 정말로 신이 날 텐데 말입니다!

예수님이 다시 오시기 전에 성취되어야만 하는 몇 가지 대언들이 있습니다. 적그리스도가 반드시 등장해야 하며, 이 땅은 반드시 대환난과 심판의 때를 거쳐야만 합니다. 이 대언들은 특별히 예수님의 재림과 연관되어 있습니다. 누가복음 21장 28절에서 예수님은 그분의 재림의 신호들에 관해 다음과 같이 말씀하셨습니다. "이런 일들(그분의 재림의 신호들)이 일어나기 시작하거든 위를 보고 너희 머리를 들라. 너희의 구속이 가까이 이르렀느니라."

지난 해 10월 말경 할로윈데이 직전에 나는 남부 캘리포니아에 있는 대형 쇼핑몰을 지나가다가 사람들이 산타클로스와 순록 그리고 다른 크리스마스 장식들을 붙이고 있는 것을 보았습니다. 나는 아내에게 말했습니다. "저걸 좀 봐! 벌써 크리스마스 장식을 붙이고 있어! 잘됐군! 난 추수감사절이 정말로 좋아!" 그러자 아내가 대답했습니다. "저것들은 추수감사절 장식이 아니에요. 크리스마스 장식이라구요!" 그래서 나는 이렇게 대답했습니다. "나도 알아요! 그렇지만 추수감사절이 크리스마스 전에 있지 않소. 만일 크리스마스의 신호들이 거리에 등장했다면, 추수감사절이 가까운 거요!" 같은 방식으로 예수님의 재림의 신호들이 보인다면, 휴거가 가깝다는 것을 알 수 있습니다.

예수님은 제자들의 질문에 답변하며 그분의 재림의 신호들을 그들에게 알려 주셨습니다. "우리에게 말씀해 주소서. 어느 때에 이런 일들이 있으리이까? 또 주께서 오시는 때의 표적과 세상 끝의 표적이 무엇이리이까?"(마태복음 24:3). 예수님은 제자들과 함께 성전을 거니셨고, 제자들은 성전의 돌들이 얼마나 거대한지를 말하고 있었습니다. 그 때 예수님은 다음과 같이 말씀하셨습니다. "여기서 돌 하나도 다른 돌 위에 남지 아니하고 다 무너지리라"(마태복음 24:2). 올리브 산으로 갔을 때 그들은 예수님께 이렇게 물었습니다. "주께서 오시는 때의 표적과 세상 끝의 표적이 무엇이리이까?"(마태복음 24:3). 그들은 한 세트의 신호들만 알려 달라고 요청하지 않았습니다. 그들은 성전 파괴와 관련한 신호들 뿐만 아니라, 인간이 통치하는 이 시대의 종말과 하나님의 왕국의 도래에 관한 신호들도 알려 달라고 요청했습니다.

그들은 교회의 휴거에 대해서 묻지도 않았고 이해하지도 않았습니다. 하지만 예수님은 성전 파괴에 관한 신호들과 그분의 재림에 관한 신호들을 그들에게 알려 주시기 시작했습니다. 그분은 자신의 재림에 관한 신호들에 대해 말씀하실 때, 자연스럽게 대환란에 대해서도 말씀하십니다. "그 때에 큰 환란이 있으리니 세상이 시작된 이래로 이때까지 그런 환란이 없었고 이후에도 없으리라."(마태복음 24:21). 예수님은 또한 그들에게 다음과 같이 경고하십니다. "그런즉 대언자 다니엘을 통해 말씀하신바 황폐하게 하는 가증한 것이 거룩한 곳에 선 것을 너희가 보거든 (누구든지 읽는 자는 깨달을지어다)"(마태복음 24:15). 가증한 것이 거룩한 곳에 선 것을 보게 될 때, 당신은 그때가 바로 예루살렘에서 나와 광야로 도망가야 하는 때라는 것을 알게 될 것입니다. 그리고 나면, "그 날들의 환난 뒤에 즉시 해가 어두워지며 달이 자기 빛을 내지 아니하고 별들이 하늘에서 떨어지며 하늘들의 권능들이 흔들리리라. 그때에 사람의 아들의 표적이 하늘에 나타나고 그때에 땅의 모든 지파가 애곡하며 사람의 아들이 권능과 큰 영광을 가지고 하늘의 구름들 가운데서 오는 것을 보리라."(마태복음 24:29-30).

예수님의 재림이 있기 전에 반드시 성취되어야만 하는 대언들이 많이 있습니다. 대환난의 기간 동안에 적그리스도가 반드시 출현해야만 하고, 또한 사탄의 왕국이 반드시 힘있게 세워져야만 합니다. 이 사건들은 예수님의 재림 이전에 반드시 일어나야만 합니다. 하지만 교회의 휴거 이전에 일어나야만 할 일은 전혀 없습니다. 그것이 바로 우리가 깨어서 준비해야만 하는 이유입니다. "너희가 생각하지 않는 시각에 사람의 아들이 오느니라." 그러므로, "그의 주인이 올 때에 그가 그렇게 하고 있는 것을 보면 그 종이 복이 있도다."(마태복음 24:44, 46).

그러고 나서 예수님은 일련의 비유들을 말씀하시기 시작했습니다. 각각의 비유의 핵심은 어느 때든지 깨어서 그분의 재림을 준비하라는 것입니다. 각각의 비유는 휴거가 임박했다는, 다시 말해서 그것이 아무 때라도 일어날 수 있다는 핵심에 초점이 맞추어져 있습니다.

그 중에서 열 처녀의 비유는 다음과 같습니다. "그들 중의 다섯은 지혜롭고 다섯은 어리석더니"(마태복음 25:2). "준비된 자들은 그와 함께 혼인 잔치에 들어가고 문이 닫히니라. 그 뒤에 다른 처녀들도 와서 이르되, 주여, 주여, 우리에게 열어 주소서 하나 그가 응답하여 이르되, 진실로 내가 너희에게 이르노니 내가 너희를 알지 못하노라 하였느니라. 그러므로 깨어 있으라. 너희가 사람의 아들이 오는 그 날도 그 시각도 알지 못하느니라."(마태복음 25:10-13). 전체적인 강조점은 깨어 준비하라는 것인데, 이는 주님이 언제 오실지 우리가 모르기 때문입니다.

마태복음 24장 42-44절은 다음과 같이 말합니다. "그러므로 깨어 있으라. 어느 시각에 너희 주가 올지 너희가 알지 못하느니라. 그러나 이것을 알라. 만일 집 주인이 도둑이 어느 경점에 올 줄 알았더라면 깨어 있어 자기 집이 뚫리지 않게 하였으리라. 그러므로 너희도 준비하고 있으라. 너희가 생각하지 않는 시각에 사람의 아들이 오느니라."

나는 교회가 대환난을 겪지 않을 것이라고 굳게 믿습니다. 누가복음 21장에서 예수님은 대환난에 대해 말씀하신 후에 다음과 같이 제자들을 권고하십니다. "그러므로 너희가 앞으로 일어날 이 모든 일을 피하고 사람의 아들 앞에 서기에 합당한 자로 여겨지도록 항상 기도하며 깨어 있으라."(누가복음 21:36). 만일 예수님이 나에게 무엇인가를 위해 기도하라고 명령하신다면, 나는 당연히 그렇게 할 것입니다! "주님, 제가 앞으로 이 땅에 일어날 이 모든 일들을 피할 자격이 있는 자로 여겨지기를 기도합니다." 이것은 대환난의 문맥 안에 있습니다.

요한계시록 1장 19절에 따르면, 이 책은 세 부분으로 나눌 수 있습니다. "네가 본 것들과 지금 있는 것들과 이후에 있을 것들을 기록할지니." 1장에서 요한은 그가 본 것들을 기록하라는 명령을 받고, 일곱 금 등잔대의 한가운데에 거니시며 오른손에 일곱 별을 붙잡고 계시는 그리스도의 환상에 대해 기록했습니다. 그는 영화로운 상태에 계신 예수님의 영광스러운 모습을 묘사했습니다.

2장과 3장에서 그는 "지금 있는 것들"에 대해 기록합니다. 이는 사실상 아시아에 있는 일곱 교회들에게 주는 예수님의 메시지입니다. 이것들은 그 당시 실제로 존재했던 일곱 교회였지만, 이는 또한 교회 역사의 일곱 시대를 말한다고 나는 믿습니다. 나는 또한 이것들이 오늘날 우리가 찾아볼 수 있는 교회들을 대표한다고 믿습니다.

오늘날 첫사랑을 버린 교회들이 있습니다. 또한 니골라당(에베소 교회에 있었던 니콜라오스를 추종하던 무리)의 교리를 받아들이는 교회들도 있습니다. 또한 중국과 수단과 다른 곳에서 핍박을 받는 교회들처럼 오늘날 전 세계에 서머나의 고난 받는 교회들이 있습니다. 나는 또한 "성모 신학"의 교리를 형성한 두아디라 교회가 있다고 믿습니다. 우리는 오늘날 죽은 개신교로 묘사되는 사데 교회도 찾아볼 수 있습니다. "네가 살아 있다는 이름은 가지고 있으나 죽었도다."(요한계시록 3:1).

또한 나는 말씀 앞에서 진실함을 잃지 않는 필라델피아 교회가 오늘날에도 있다고 믿습니다. 그 교회가 비록 적은 힘을 가지고 있었지만, 감사하게도 주님은 이들에게 다음과 같이 말씀하셨습니다. "내가 네 행위를 아노라. 보라, 내가 네 앞에 열린 문을 두었으니 아무도 그것을 닫지 못하리라. 네가 적은 힘을 가지고도 내 말을 지키며 내 이름을 부인하지 아니하였도다."(요한계시록 3:8). 우리는 그렇게 크지도 않고 세상을 떠들썩하게 만들지도 못하지만, 감사하게도 우리는 작은 감명을 주고 있습니다!

그러나 예수님을 문 밖에 세워 두는 라오디게아 교회 또한 찾아볼 수 있습니다. 그분은 문 앞에 서서 두드리며 이렇게 말씀하십니다. "누구든지 내 음성을 듣고 문을 열면 내가 그에게로 들어가 그와 함께 만찬을 먹고 그는 나와 함께 먹으리라."(요한계시록 3:20).

그러므로 일곱 교회들에게 보내는 메시지로부터 삼중의 적용점들을 찾아볼 수 있다고 나는 믿습니다. 교회들에게 주는 메시지를 마친 후에, 4장 1절에서 요한은 1장 19절에서 사용되었던 '메타 타우타'[meta tauta-"이 일들 후에"]라는 헬라어로 새로운 부분을 소개합니다. 그렇다면 우리는 "어떤 일들 후에?"라고 질문할 필요가 있습니다. 이는 2장과 3장의 일들, 즉 교회의 일들을 말합니다. 그러므로 교회와 관련된 일들 후에, 요한은 다음과 같이 기록합니다. "이 일 후에 내가 바라보니, 보라 하늘에 한 문이 열려 있더라. 내가 들은 첫 번째 음성 곧 나팔 소리같이 내게 이야기하던 음성이 이르되, 이리로 올라오라. 이후에 반드시 일어날 것들을 내가 네게 보이리라, 하더라."(요한계시록 4:1).

이 명령 후에, 요한은 다음과 같이 말했습니다. "내가 즉시로 영안에 있었는데, 보라, 하늘에 한 왕좌가 놓여 있고 그 왕좌에 한 분이 앉아 계시더라."(요한계시록 4:2). 그리고 나서 그는 둘레에 무지개가 있는 하나님의 왕좌와 그분을 경배하는 주위의 천사들을 묘사합니다. 또한 그는 스물네 자리에 스물네 장로가 앉아 있는 것을 보고, 천사들이 하나님의 영원한 성품과 본성과 그분의 거룩하심을 선포하는 하늘의 예배를 목격합니다. "그것들이 밤낮 쉬지 않고 이르기를, 거룩하다, 거룩하다, 거룩하다, 주 하나님 전능자여, 그분은 전에도 계셨고 지금도 계시고 앞으로 오실 이시로다." (요한계시록 4:8). 천사들이 하나님의 거룩하심을 선포할 때, 스물네 장로들은 왕좌에 앉으신 분 앞에 엎드려 경배하고 자기들의 관을 왕좌 앞에 있는 유리 바다 위에 던지며, 다음과 같이 선포합니다. "오, 주여, 주는 영광과 존귀와 권능을 받기에 합당하시오니 주께서 모든 것을 창조하셨고 또 그것들이 주를 기쁘게 하려고 존재하며 창조되었나이다."(요한계시록 4:11).

그리고 나서 요한의 관심은 안과 뒷면에 글이 적혀 있고 일곱 봉인으로 봉인되어 있는 책에 쏠립니다. 그 때 한 천사가 큰 소리로 이렇게 선포합니다. "누가 그 책을 펴며 그것의 봉인들을 떼기에 합당하냐?"(요한계시록 5:2). 그리고 요한은 다음과 같이 기록합니다. "그 책을 펴서 읽거나 들여다보기에 합당한 사람이 보이지 아니하므로 내가 많이 울었더니"(요한계시록 5:4). 나는 이 책이 유대의 구속법에 따르는 이 땅에 대한 권리 증서라고 믿습니다. 차압당하거나 잃게 된 소유를 구속할 수 있는 설정 기한이 제시되면, 두루마리 책이 제시하는 증서의 요구사항들을 이행해야 했습니다. 룻의 이야기가 이러한 원리를 잘 설명해 주는데, 보아스는 룻을 신부로 얻기 위해 엘리멜렉에게 속한 밭을 샀습니다. 우리는 또한 이 원리를 예수님에게서 찾아볼 수 있는데, 그분은 그분의 신부인 교회를 얻기 위해서 이 세상을 구속하셨고, 그렇게 하기 위해 그에 따른 값을 지불하셨습니다.

우리는 다시 하늘에서 울고 있는 요한을 발견하게 되는데, 이는 만일 유대법 아래에서 정해진 시간에 소유를 구속하지 않으면, 그것이 새 주인에게 영원히 속하게 되기 때문입니다. 당신에게 한 번의 기회가 주어지고, 그 후에 그것은 영원히 새 주인에게 속하게 됩니다. 이 세상이 영원히 사탄의 힘과 통제 하에 들어가게 된다는 생각은 요한이 감당할 수 없는 것이었고, 그로 인해 그는 흐느껴 울기 시작합니다. 그 때 장로들 중 한 사람이 다음과 같이 말합니다. "울지 말라. 보라, 유다 지파의 사자 곧 다윗의 뿌리가 이기셨으므로 그 책을 펴며 그 책의 일곱 봉인을 떼시리라."(요한계시록 5:5). 요한은 그분을 유다 지파의 사자로 보지 않고 전에 죽임을 당한 것 같은 어린양으로 보았다고 말합니다. 대언자 이사야는 다음과 같이 말합니다. "그가 그분 앞에서 연한 초목같이, 마른 땅에서 나온 뿌리같이 자랄 터이니 그에게는 모양도 없고 우아함도 없으며 우리가 그를 볼 때에 그를 흠모할 만한 아름다움이 없도다… 그러나 그는 우리의 범죄들로 인해 부상을 당하고 우리의 불법들로 인해 상하였노라. 그가 징벌을 받음으로 우리가 화평을 누리고 그가 채찍에 맞음으로 우리가 고침을 받았도다."(이사야서 53:2, 5).

요한계시록 5장에서 요한은 이어지는 사건을 다음과 같이 묘사합니다. "그분께서 나아오사 왕좌에 앉으신 분의 오른손에서 그 책을 취하시니라. 그분께서 그 책을 취하시매 네 짐승과 스물네 장로가 저마다 하프와 향이 가득한 금병들을 가지고 어린양 앞에 엎드렸는데 이 향은 성도들의 기도라. 그들이 새 노래를 불러 이르되, 주께서 그 책을 취하시고 그 책의 봉인들을 열기에 합당하시나이다. 주께서 죽임을 당하시고 주의 피로 모든 족속과 언어와 백성과 민족 가운데서 우리를 구속하사 하나님께 드리셨으며, 또 우리 하나님을 위해 우리를 왕과 제사장으로 삼으셨으니 우리가 땅에서 통치하리이다 하더라."(7-10절).

위의 노랫말을 주의 깊게 살펴보면, 교회만이 그 노래를 부를 수 있음을 알 수 있습니다. 주님이 하늘에서 이 땅에 대한 권리 증서를 받으실 때, 즉 그분이 왕좌에 앉으신 분의 오른손에서 그 책을 취하실 때 우리 또한 하늘에서 그분을 지켜볼 것입니다. 우리는 다음과 같은 영광스러운 합창에 동참할 것입니다. "주께서 그 책을 취하시고 그 책의 봉인들을 열기에 합당하시나이다. 주께서 죽임을 당하시고 주의 피로 모든 족속과 언어와 백성과 민족 가운데서 우리를 구속하사 하나님께 드리셨으며"(요한계시록 5:9). 누가복음 21장에서, 예수님은 그분의 재림의 신호들과 이 시대의 종말보다 앞서 일어날 대환난에 대해서 그분의 제자들에게 말씀하셨습니다. "그러므로 너희가 앞으로 일어날 이 모든 일을 피하고 사람의 아들 앞에 서기에 합당한 자로 여겨지도록 항상 기도하며 깨어 있으라, 하시니라."(누가복음 21:36).

이 땅에서 대환난이 일어날 때, 나는 하늘에서 어린양의 위대함을 노래하며 사람의 아들 앞에 서 있기를 기대합니다. 오직 교회만이 이 구속의 노래를 부를 수 있습니다. 시간의 흐름에 따르면, 교회가 구속의 노래를 부르는 것은 5장에서 일어나고, 이는 6장에서 일어나는 봉인들을 여는 사건보다 먼저 있으며, 이는 또한 지구상의 대환난보다 앞서 있습니다. 교회의 구속의 노래를 다시 한 번 들어봅시다. "주께서 죽임을 당하시고 주의 피로 모든 족속과 언어와 백성과 민족 가운데서 우리를 구속하사 하나님께 드리셨으며, 또 우리 하나님을 위해 우리를 왕과 제사장으로 삼으셨으니 우리가 땅에서 통치하리이다."(요한계시록 5:9-10).

우리는 교회가 사람의 아들 앞에 서 있는 것과 예수님이 대환난에 대해 말씀하시며 다음과 같이 우리에게 권고하시는 것을 바라봅니다. "그러므로 너희가 앞으로 일어날 이 모든 일을 피하고 사람의 아들 앞에 서기에 합당한 자로 여겨지도록 항상 기도하며 깨어 있으라."(누가복음 21:36). 정말로 나는 저 위에서 저 무리에 속해 있고 싶습니다!

요한계시록 6장에서 비로소 대환난에 대한 묘사가 시작됩니다. 주님이 각각의 봉인을 열 때마다 그에 상응하는 심판이 이 땅 위에 임하게 됩니다. 첫 번째 봉인이 열릴 때를 요한은 다음과 같이 묘사합니다. "이에 내가 보니, 보라, 흰 말이라. 그 위에 탄 자가 활을 가졌고 관을 받으매 그가 나아가서 정복하고 또 정복하려 하더라."(요한계시록 6:2). 나는 이것이 적그리스도의 출현이라고 믿습니다. 어떤 사람들은 이 흰 말을 탄 자가 예수 그리스도라고 믿습니다! 하지만 본문을 자세히 살펴보면, 흰 말을 탄 자가 출현하고 나서 전쟁과 기근과 피흘림과 이 땅의 사 분의 일의 사람들이 죽임을 당하는 일들이 벌어집니다. 그것들이 하나님의 왕국과 주님의 영광스러운 재림과 연관된 일들처럼 보이지는 않습니다! 나는 그것이 적그리스도라고 믿습니다.

적그리스도의 힘과 능력은 오늘날 이 세상에 이미 그 영향력을 미치고 있으며, 그것들이 이 땅을 장악하지 못하도록 막는 유일한 것은 바로 교회의 존재라고 나는 믿습니다. 우리는 비록 적은 힘을 가지고 있지만, 그것이 어둠의 권세가 이 땅에 대한 완전한 통제권을 가지지 못하도록 만들기에는 충분합니다. 나는 교회가 이 땅에서 없어질 때까지는 적그리스도가 이 땅을 장악할 수 없다고 믿습니다.

데살로니가후서 2장에서 바울은 우리에게 다음과 같이 말해 줍니다. "불법의 신비가 이미 일하고 있으나 다만 지금 막고 있는 이가 길에서 옮겨지기까지 막으리라. 그 뒤에 저 사악한 자가 드러나리니 주께서 자신의 입의 영으로 그를 소멸시키시고 친히 오실 때의 광채로 그를 멸하시리라."(데살로니가후서 2:7-8). 이것은 요한계시록 6장의 본문과 같은 맥락이라고 할 수 있는데, 6장 본문의 문맥상 예수님은 책을 취하시고 교회는 하늘에 있음을 우리는 알 수 있습니다. 그분이 그 책의 봉인들을 열기 시작할 때, 그에 상응하는 심판들이 이 땅 위에 임합니다. 이때가 바로 하나님이 그분의 진노를 쏟아 부으시는 때입니다.

로마서 5장 9절에서 바울은 다음과 같이 말합니다. "그러면 이제 우리가 그분의 피로 말미암아 의롭게 되었은즉 더욱더 그분을 통해 진노로부터 구원을 받으리니." 그는 데살로니가전서 5장 9절에서 이것을 반복합니다. "하나님께서는 우리를 진노에 이르도록 정하지 아니하시고 우리 주 예수 그리스도로 말미암아 구원을 받도록 정하셨느니라."

교회인 우리는 진노에 이르도록 정해지지 않았습니다. 로마서 1장에서 바울은 다음과 같이 기록합니다. "하나님의 진노가 불의 안에서 진리를 붙잡아 두는 사람들의 모든 경건치 아니한 것과 불의를 대적하여 하늘로부터 계시되었나니"(로마서 1:18). 의로운 자를 사악한 자와 함께 심판하는 것은 단순히 하나님의 본성과 일치하지 않습니다.

한편 이 세상에서 그리스도인들이 고난을 당하는 것은 사실입니다. 이 세상이 우리를 미워하므로, 우리는 우리가 당하는 고난에 놀라서는 안 됩니다. 예수님은 다음과 같이 말씀하셨습니다. "세상이 너희를 미워하면 그것이 너희를 미워하기 전에 나를 미워한 줄 너희가 아느니라."(요한복음 15:18). 그리고 "세상에서는 너희가 환난을 당할 터이나 기운을 내라. 내가 세상을 이기었노라."(요한복음 16:33). 그러므로 이 세상에서 당신은 환난을 당할 것입니다. 그렇다면 교회를 대항하는 환난의 근원은 무엇입니까? 그것은 하나님이 아닙니다! 사탄이 바로 그 환난의 근원입니다.

사탄이 환난의 근원이라면, 하나님의 자녀들이 핍박을 받게 될 것을 우리는 예상할 수 있습니다. 하지만 하나님이 심판의 근원이 되시면, 이야기가 전혀 달라집니다. 하나님은 우리의 죄를 예수 그리스도의 십자가 위에서 이미 심판하셨습니다. 예수님은 우리의 모든 죄에 대한 하나님의 심판을 담당하셨습니다.

천사들이 소돔을 멸망시키러 가던 길에 있었던 때를 기억하십니까? 그들은 가던 길에 아브라함에게 들렀습니다. 그 때 주님은 "내가 행하는 그 일을 아브라함에게 숨기리요?"라고 말씀하시며, 소돔의 죄가 하늘에까지 닿아서 그 실상을 조사한 후에 심판하실 것이라고 그에게 말해 주셨습니다.

아브라함은 자신의 조카 롯이 거기에 살고 있었기 때문에 기다려 달라고 요청했습니다. 그는 다음과 같이 말했습니다. "주께서 의로운 자들을 사악한 자들과 함께 멸하려 하시나이까? 그 도시 안에 쉰 명의 의로운 자들이 있을지라도 주께서 그곳을 멸하시고 그 안에 있는 쉰 명의 의로운 자들로 인하여 용서하지 아니하시려나이까?" 그러자 주께서 이렇게 답변하셨습니다. "내가 만일 소돔에서 즉 그 도시 안에서 쉰 명의 의로운 자들을 찾으면 그들로 인하여 온 지역을 용서하리라." 그러자 아브라함이 다시 물었습니다. "쉰 명의 의로운 자들 중에 다섯 명이 부족하면 다섯 명이 부족하므로 주께서 그 온 도시를 멸하려 하시나이까?" 이에 주님이 대답하셨습니다. "내가 거기서 마흔 다섯 명을 찾으면 그곳을 멸하지 아니하리라." 또 아브라함이 물었습니다. "거기서 마흔 명을 찾으면 어찌 하시려나이까?" 주님이 대답하셨습니다. "내가 마흔 명으로 인하여 그곳을 멸하지 아니하리라." "거기서 서른 명을 찾으면 어찌 하시려나이까?" 주님이 대답하셨습니다. "내가 서른 명으로 인하여 그곳을 멸하지 아니하리라." "거기서 스무 명을 찾으면 어찌 하시려나이까?" 주님이 대답하셨습니다. "내가 스무 명으로 인하여 그곳을 멸하지 아니하리라." "거기서 열 명을 찾으면 어찌 하시려나이까?" 주님이 대답하셨습니다. "내가 열 명으로 인하여 그곳을 멸하지 아니하리라."(창세기 18:23-33 참조).

결국 소돔에서는 어떤 일이 벌어졌나요? 천사들이 소돔 성에 도착했을 때, 그들은 성문 곁에 앉아 있는 단 한 사람의 의로운 자인 롯을 발견했습니다. 롯은 소돔 사람들이 얼마나 악한지를 잘 알고 있었습니다. 베드로는 롯의 의로운 영이 그들의 불법한 행실을 보고 들음으로 상했다고 우리에게 말해 줍니다. 롯은 그들이 천사임을 알지 못하고 그들을 집으로 초대했습니다. 그 날 밤 소돔 사람들이 롯의 집에 찾아와서 문을 두드리며 이렇게 말했습니다. "이 밤에 네게 온 남자들이 어디 있느냐? 그들을 우리에게로 데려오라. 우리가 그들을 알리라."(창세기 19:5). 그들은 문자 그대로 그들을 강간하기를 원했습니다. 이에 롯은 "원하건대 형제들아, 이같이 악하게 행하지 말라."(창세기 19:7)고 말했습니다.

무리들이 문을 부수려 하자 천사들이 롯을 집 안으로 끌어당겼습니다. 그리고는 문에 있던 남자들을 다 쳐서 눈을 멀게 했습니다. 이에 그들이 밤새도록 문을 찾느라 헤맸습니다. 아침이 되자 천사들은 소돔 성에서 롯을 데리고 나가야 했는데, 이는 그가 이 성을 떠날 때까지는 그것을 멸망시킬 수 없기 때문입니다.

롯은 구원 받아야만 하는 교회의 모형이었습니다. 베드로는 이에 관해 다음과 같이 말합니다. "사악한 자들의 더러운 행실로 인해 괴로움을 받던 의로운 롯을 건져 내셨으니 (이는 저 의로운 사람이 그들 가운데 거하며 그들의 불법 행위를 보고 들으면서 날마다 자기의 의로운 혼을 괴롭게 하였기 때문이니라.) 주께서 하나님을 따르는 자들은 시험들에서 건질 줄 아시고 또 불의한 자들은 심판의 날까지 예비해 두사 벌할 줄 아시되"(베드로후서 2:7-9). 하나님은 의로운 자들을 구원하실 것이며, 그분은 또한 심판의 날을 위해 불의한 자들을 예비해 두실 것입니다.

기본적인 원리는 이 땅의 주님이 의로우시다는 것입니다. 그분은 공정하시며, 의로운 자를 불의한 자와 함께 멸망시키시지 않습니다. 하나님이 심판의 근원이시라면, 의로운 자를 심판으로부터 구원하실 것입니다. 일찍이 하나님은 이 땅의 사악함 때문에 세상을 홍수로 심판하셨습니다. "하나님께서 사람의 사악함이 땅에서 커지고 또 그의 마음에서 생각하여 상상하는 모든 것이 항상 악할 뿐임을 보시고"(창세기 6:5). 그러나 그 모든 불의한 자들 가운데 노아라는 단 한 사람의 의로운 자가 있었습니다. 하나님은 그분의 심판이 시작되었을 때 그에게 피난처를 제공하시며 그를 보호하셨습니다. 요한계시록 7장에 등장하는 십 사만 사천 명이 하나님에 의해 봉인되어 대환난의 심판으로 해를 당하지 않는 것처럼, 노아는 하나님에 의해 봉인되었고 안전하게 홍수를 통과했습니다. 노아는 봉인되어 심판을 통과한 십 사만 사천 명의 모형입니다.

같은 시기에 에녹이라는 또 한 사람의 의로운 자가 있었습니다. "에녹이 하나님과 함께 걷더니 하나님께서 그를 데려가시므로 그가 더 이상 있지 아니하더라."(창세기 5:24). 에녹은 흥미로운 교회의 그림입니다. 그는 옮겨졌거나 휴거되었습니다.

나는 교회가 대환난을 겪게 될 것이라고 믿지 않습니다. 하지만 교회가 대환난 가운데 있게 될 것임을 증명하기 위해 사람들이 사용하는 성경구절들이 있습니다. 한 가지 주장은 "마지막 나팔소리"라는 어구의 해석에 기초를 둡니다. 고린도전서 15장에서 바울은 휴거에 대해 다음과 같이 말합니다. "보라, 내가 너희에게 한 가지 신비를 알리노니 우리가 다 잠자지 아니하고 마지막 나팔소리가 날 때에 눈 깜짝할 사이에 순식간에 다 변화되리라. 나팔소리가 나매 죽은 자들이 썩지 아니할 것으로 일어나고 우리가 변화되리니"(고린도전서 15:51-52). 어떤 사람들은 이것을 요한계시록의 일곱 나팔 재앙과 연계시키려 하면서 일곱 번째 나팔이 마지막 나팔소리라고 말합니다. 그들은 이것을 마지막 나팔소리가 날 때까지는 휴거가 일어나지 않을 것이라는 증거로 보는데, 그들에게 마지막 나팔소리는 마지막 심판을 의미하기도 합니다.

나는 이러한 논증에 두 가지 문제점이 있다고 봅니다. 먼저, 요한계시록의 일곱 나팔 재앙은 일곱 천사들이 각각의 나팔을 불어 그에 따른 재앙이 이 땅에 임하는 것입니다. 각각의 나팔을 부는 자들이 누구인지 살펴보면, 모두 천사들임을 알 수 있습니다. 데살로니가전서 4장 16절에서 바울은 휴거에 대해 다음과 같이 말합니다. "주께서 호령과 천사장의 음성과 하나님의 나팔소리와 함께 친히 하늘로부터 내려오시리니 그리스도 안에서 죽은 자들이 먼저 일어나고." 휴거의 나팔은 천사의 나팔이 아닙니다. 그것은 하나님의 나팔소리입니다!

또한 일곱 나팔 재앙에서 네 번째 천사가 나팔을 불고 난 후에, 한 천사가 다음과 같이 외칩니다. "이제 세 천사가 불게 될 또 다른 나팔소리들로 인해 땅에 거하는 자들에게 화, 화, 화가 있으리로다!"(요한계시록 8:13). 그리고 다섯 번째 천사가 나팔을 불고 나자, 또 한 목소리가 다음과 같이 외칩니다. "한 가지 화는 지나갔으되, 보라, 이후에 두 가지 화가 더 임하리로다."(요한계시록 9:12). 그것은 분명히 이 땅 위에 있는 자들에게 선고된 재앙입니다. 하지만 우리의 들려 올라감은 재앙이 아닙니다. 그것은 영광입니다!

또 다른 주장은 요한이 하늘에서 다양한 무리들을 보게 되는 요한계시록 20장과 연관되어 있습니다. "또 내가 보니 왕좌들과 그것들 위에 앉은 자들이 있는데 그들에게 심판이 맡겨졌더라. 또 내가 보니 예수님의 증언과 하나님의 말씀으로 인하여 목 베인 자들의 혼들이 있는데 그들은 짐승과 그의 형상에게 경배하지도 아니하고 자기들의 이마 위에나 손 안에 짐승의 표를 받지도 아니한 자들이더라. 그들이 살아서 그리스도와 함께 천 년 동안 통치하되 그 나머지 죽은 자들은 그 천 년이 끝날 때까지 다시 살지 못하였더라. 이것은 첫째 부활이라."(요한계시록 20:4-5). 첫째 부활에서 요한은 예수님의 증언으로 인하여 목 베인 자들을 보게 되는데, 이들은 짐승에게 경배하지도 않고 짐승의 표를 받지도 아니한 자들입니다. 그들은 그리스도와 함께 천 년 동안 통치했습니다. 어떤 사람들은 이것이 교회가 대환난을 겪고 순교할 것이라는 확실한 증거라고 믿습니다.

그러나 우리는 되돌아가서 그것을 다시 읽어 볼 필요가 있습니다. 4절에 따르면, 왕좌들이 있고 그것들 위에 앉은 자들에게 심판이 맡겨졌습니다. 이 이기는 자들이 누구인지 살펴봅시다. 우리는 성경에서 다음과 같은 이기는 자들에게 주는 메시지를 찾아볼 수 있습니다. "이기는 자에게는 나 역시 이긴 뒤에 내 아버지와 함께 그분의 왕좌에 앉게 된 것 같이 내 왕좌에 나와 함께 앉는 것을 내가 허락하리라."(요한계시록 3:21). 요한은 교회를 첫째 부활의 일부로 보고 있습니다. 그리고 나서 그는 대환난의 기간에 짐승의 표를 받지 않음으로 인해 순교할 자들을 보게 됩니다. 이들이 바로 7장에서 등장하는 큰 무리입니다. 요한계시록 7장에 따르면, 한 장로가 요한에게 다음과 같이 말합니다. "흰 예복을 차려 입은 이 사람들은 누구냐? 또 그들이 어디서 왔느냐? 하매 내가 그에게 이르되, 장로여, 당신이 아시나이다 하니 그가 내게 이르되, 이들은 큰 환난에서 나와 자기 예복을 씻고 어린양의 피로 그것을 희게 한 자들이니라."(요한계시록 7:13-14).

하지만 그들이 그분의 성전에 서서 밤낮으로 그분을 섬긴다는 것에 주목하십시오. 교회는 그리스도의 신부입니다. 그리고 예수님은 이렇게 말씀하셨습니다. "이제부터는 내가 너희를 종이라 하지 아니하리니 종은 자기 주인이 하는 것을 알지 못하느니라. 오히려 내가 너희를 친구라 하였나니 이는 내가 내 아버지께 들은 모든 것을 너희에게 알려 주었기 때문이라."(요한복음 15:15). 그러므로 이 두 번째 무리는 대환난의 기간 동안에 순교한 성도들로 구성됩니다. 그들은 하나님의 왕국의 일부가 되겠지만, 교회는 이미 휴거되어 있을 것입니다. 그리고 대환난의 기간에 순교를 통해 그 자리에 서는 것보다는 휴거되는 것이 훨씬 더 좋은 방법입니다!

우리는 요한계시록 10장 7절을 통해 일곱 번째 나팔에 대해 더 많은 것을 알 수 있습니다. "일곱째 천사가 음성을 내는 날들에 즉 그가 나팔을 불기 시작할 때에 하나님의 신비가 그분께서 자신의 종 대언자들에게 밝히 드러내신 것 같이 이루어지리라 하더라."

"날들"은 복수이지만, 휴거는 한 순간에, 눈 깜짝할 사이에 일어날 것입니다. 그러므로 우리는 마지막 나팔소리와 요한계시록의 일곱 번째 나팔을 연관 지을 수 없습니다. 요한계시록의 일곱 번째 나팔의 사건은 그 나팔이 울리는 여러 날들에 걸쳐 일어날 것입니다. 그와는 대조적으로, 하나님의 나팔소리가 울릴 때, 우리는 한 순간에 변화될 것입니다.

마태복음에 따르면, 예수님은 다음과 같이 말씀하셨습니다. "그 날들의 환난 뒤에 즉시 해가 어두워지며 달이 자기 빛을 내지 아니하고 별들이 하늘에서 떨어지며 하늘들의 권능들이 흔들리리라. 그때에 사람의 아들의 표적이 하늘에 나타나고 그때에 땅의 모든 지파가 애곡하며 사람의 아들이 권능과 큰 영광을 가지고 하늘의 구름들 가운데서 오는 것을 보리라. 그가 큰 나팔 소리와 함께 자기 천사들을 보내리니 그들이 그의 선택 받은 자들을 하늘 이 끝에서 저 끝까지 사방에서 함께 모으리라."(마태복음 24:29-31). 이 구절들을 통해 우리는 그 날들의 환난이 있은 후에, 예수님이 온 세상에 자신을 드러내신다는 것을 알 수 있습니다.

그리고 그분은 그분의 선택 받은 자들을 하늘 이 끝에서 저 끝까지 사방에서 모으십니다. 하지만 어떤 사람들은 "교회가 바로 선택 받은 자들 아닌가요?"라고 말합니다. 그렇습니다. 교회는 선택 받은 자들입니다. 하지만 이스라엘 또한 선택 받은 자들입니다. 이것은 이스라엘에 관련한 참조구절이며, 당신은 같은 내용을 선포하는 구약의 여러 구절들과 그것을 상호 참조할 수 있습니다. 하나님은 전세계로부터 유대인들을 불러 모으실 것입니다. 이 구절에서 예수님은 교회가 아닌 그분의 선택 받은 자들, 즉 유대 민족에 대해 말씀하고 계십니다. 대언자 이사야는 다음과 같이 말했습니다. "또 그분께서 민족들을 위하여 기를 세우시고 이스라엘의 쫓긴 자들을 모으시며 땅의 사방에서부터 유다의 흩어진 자들을 함께 모으시리라."(이사야서 11:12). 이스라엘은 다시 모아질 것입니다.

적그리스도가 성도들과 싸워 이긴다고 말하는 성경기록들은 어떻습니까? 다니엘은 7장 21절에서 "내가 보니 바로 그 뿔(적그리스도)이 성도들과 싸워 그들을 이겼으나"라고 말합니다. 또한 요한계시록은 이와 유사한 내용을 우리에게 전해 줍니다. "또 그(적그리스도)가 성도들과 전쟁하여 그들을 이기는 것을 허락받고 모든 족속과 언어와 민족들을 다스리는 권능을 받았으므로"(요한계시록 13:7). 그 성도들은 누구입니까? 그들은 교회일 리가 없는데, 이는 예수님이 베드로에게 다음과 같이 말씀하셨기 때문입니다. "이 반석 위에 내가 내 교회를 세우리니 지옥의 문들이 그것을 이기지 못하리라."(마태복음 16:18). 적그리스도가 성도들과 싸워 이긴다는 사실은 그 성도들이 교회가 아니라 유대인 성도들임을 의미합니다.

나는 적그리스도가 이 땅에서 권세를 얻는 것을 교회가 보게 될 것이라고 믿지 않습니다. 적그리스도가 이미 전 세계의 무대에 등장하는 주요 인물들 가운데 하나라고 할지라도, 나는 놀라지 않을 것입니다. 하지만 나는 적그리스도가 이 땅에서 자신의 힘을 과시하는 것을 교회가 보게 될 것이라고는 믿지 않습니다.

데살로니가후서 2장에서 바울은 "저 죄의 사람, 곧 멸망의 아들"에 대해 말하면서 다음과 같이 선포합니다. "너희는 그가 그의 때에 드러나게 하려고 무엇이 저지하고 있는지 지금 아나니 불법의 신비가 이미 일하고 있으나 다만 지금 막고 있는 이가 길에서 옮겨지기까지 막으리라. 그 뒤에 저 사악한 자가 드러나리니 주께서 자신의 입의 영으로 그를 소멸시키시고 친히 오실 때의 광채로 그를 멸하시리라."(데살로니가후서 2:6-8).

나는 교회가 여전히 이 땅에 머무르고 있는 동안은 적그리스도가 이 땅의 통치권을 장악할 수 있다고 믿지 않습니다. 나는 교회 안에 계신 성령님이 어둠의 세력들이 이 세상을 지금 당장 완전히 집어삼키지 못하도록 견제하는 힘이라고 믿습니다. 그러나 교회가 이 땅에서 사라지는 순간, 어둠의 세력들이 이 땅을 완전히 통치하지 못하도록 견제할 수 있는 것은 이제 아무것도 없습니다. 지금 막고 있는 이가 길에서 옮겨질 때까지 막을 것입니다. 그리고 나서 저 죄의 사람, 곧 멸망의 아들이 세상에 드러날 것입니다. 이것이 바로 내가 적그리스도를 찾지 않는 이유입니다. 이것은 사람들을 속이는 또 다른 사탄의 교묘한 장치인데, 이는 사람들로 하여금 예수 그리스도를 찾기보다는 적그리스도를 찾게 만듭니다.

어떤 사람들이 그들의 예언적 시나리오를 혼란스럽게 만드는 이유는 그들이 교회를 이스라엘로 만들고 영적으로 해석하기 때문입니다. 그들은 이스라엘 민족이 메시아를 거절했기 때문에 하나님이 그들과의 관계를 끝내셨다고 말합니다. 그들은 하나님이 이스라엘을 버리셨고 그 자리를 교회로 대체하셨으며, 그로 인해 이제 교회가 "하나님의 이스라엘"이라고 믿습니다. 그들은 이스라엘 민족을 가리키는 모든 대언들을 교회에 적용시킵니다. 그렇게 하게 되면, 예언의 전체적인 그림이 혼란스럽게 됩니다!

만일 오늘 아침 해가 떠오른다면, 이스라엘과 맺은 하나님의 언약은 여전히 유효합니다. 그분은 다음과 같이 말씀하셨습니다. "해가 떠오르는 한, 이스라엘과 맺은 나의 언약은 굳게 서 있으리라." 하나님은 이스라엘과의 관계를 끝내지 않으셨습니다. 호세아서에서 하나님은 이렇게 말씀하셨습니다. "돌아가서 그녀를 다시 데려오라. 그녀를 씻기고 단정하게 한 후에 데리고 오라." 다니엘서 9장에 따르면, 하나님은 이스라엘과 함께 성취할 7년간의 언약을 여전히 가지고 계시며, 그 기간 동안 그분은 다시 한 번 직접적으로 그들을 다루실 것입니다.

우리는 구약에서 휴거의 모형을 발견할 수 있습니다. 에녹은 노아의 홍수라는 심판이 있기 전에 다른 곳으로 옮겨진 교회의 모형입니다. 다니엘 또한 교회의 모형이라고 나는 믿습니다. 느부갓네살이 자신의 형상을 세우고 모든 백성에게 절하기를 요구했던 때를 기억하십시오. 나는 이것이 적그리스도가 성전에 세울 형상의 모형이라고 믿습니다.

느부갓네살은 모든 백성에게 음악소리에 따라 그 거대한 형상 앞에 절할 것을 요구했습니다. 그래서 음악소리가 울릴 때, 사드락과 메삭과 아벳느고를 제외한 모든 사람들이 그 형상 앞에 절을 했습니다. 그러자 갈대아 사람들이 느부갓네살 왕에게 다음과 같이 보고했습니다. "왕이여, 어떤 유대인들이 왕께서 세우신 형상에게 절하지 아니하나이다. 그들은 사드락과 메삭과 아벳느고이니이다. 음악 소리가 울릴 때 그들은 그냥 거기에 서 있었나이다!"

그래서 왕은 이 세 명의 히브리 소년들을 불러들여 다음과 같이 말했습니다. "이게 무슨 소리냐? 너희가 절하지 않았다구? 좋아, 다시 한 번 기회를 주마. 하지만 너희가 그래도 절하지 않는다면, 그 즉시 너희를 맹렬히 불타는 용광로에 던져 넣으리라!" 그러자 그들은 이렇게 대답했습니다. "왕이여, 우리가 이 일에 대해 왕께 대답하기를 염려하지 아니하나이다. 이는 우리가 섬기는 하나님이 이 불타는 용광로에서 능히 우리를 건져 내시기 때문이니이다. 그러나 그리 아니하실지라도, 우리는 왕께서 세우신 형상에게 절하지 아니하겠나이다!" 나는 이와 같은 용기를 좋아합니다! 그와 같은 사람은 막을 수 없습니다!

느부갓네살 왕은 너무 화가 나서 용광로를 평소보다 일곱 배나 더 뜨겁게 하도록 명령했습니다. 그리하여 세 명의 히브리 소년들은 결박당한 채 맹렬히 불타는 용광로 한가운데 떨어졌고, 이들을 던져 넣은 자들은 불꽃에 가까이 있었으므로 불에 타 죽었습니다. 그 때 느부갓네살 왕이 용광로를 들여다보고는 이렇게 물었습니다. "우리가 몇 사람을 던져 넣었느냐?" 그러자 왕의 조언자들은 "오, 왕이여, 세 사람이니이다."라고 대답했습니다. "그런데 어찌 네 사람이 보이느냐? 저들은 불 한가운데서 걷고 있느니라! 그리고 네 번째 사람은 하나님의 아들과 같도다. 사드락과 메삭과 아벳느고야 어서 거기에서 나오라!"

그들이 용광로에서 나왔을 때, 머리털 하나도 그을리지 않았고, 심지어 불 냄새조차 나지 않았습니다! 모든 사람들이 놀랐고, 선포하기를 잘 하는 느부갓네살 왕은 다음과 같이 말했습니다. "나는 사드락과 메삭과 아벳느고의 하나님과 같은 신이 이 땅에 없음을 선포하노라. 이는 이런 식으로 능히 사람을 건져 낼 다른 신이 없기 때문이니라!"

그렇다면 이 일이 벌어지고 있을 때, 다니엘은 어디에 있었을까요? 다니엘이 그 형상 앞에 절을 했다고 생각하십니까? 만일 그렇게 생각한다면, 당신이 알고 있는 다니엘은 내가 아는 다니엘과 다른 사람일 것입니다! 다니엘서 1장에 따르면, 다니엘은 왕이 정해준 음식이나 포도주로 자신을 더럽히지 않겠다고 마음속으로 작정했습니다. 나는 그와 같이 뜻을 정한 사람이 그 형상 앞에 절을 했으리라고는 생각하지 않습니다. 아마 다니엘은 그 시기에 왕의 심부름으로 바벨론을 멀리 떠나 있었을 것입니다. 다니엘은 적그리스도가 자신의 형상을 세우고 모든 사람에게 경배할 것을 요구할 때 이 땅에서 없어지게 될 교회의 모형입니다. 교회인 우리는 다른 곳, 즉 하늘에서 다른 일을 처리하고 있을 것입니다!

환난의 근원이 하나님일 때, 그것은 자동으로 하나님의 사람들을 배제합니다. 하나님이 의로운 자를 불의한 자와 함께 심판하시는 것은 공정하지도 않고 모순되는 일입니다.

베드로는 하나님에 대해 다음과 같이 말합니다. "옛 세상을 아끼지 아니하시고 오직 의의 선포자인 여덟 번째 사람 노아를 구원하시며 경건치 아니한 자들의 세상에 홍수를 내리셨고"(베드로후서 2:5). 하나님은 의로운 자들은 살리셨지만, 경건치 아니한 자들의 세상에는 홍수를 내리셨습니다. 그것이 바로 심판이라는 것입니다. 경건치 않은 자들의 세상이 심판의 대상입니다. "소돔과 고모라의 도시들을 뒤엎으심으로 정죄하사 재가 되게 하여 그 뒤에 경건치 아니하게 살 자들에게 본보기로 삼으셨으며"(베드로후서 2:6).

한편 하나님은 "사악한 자들의 더러운 행실로 인해 괴로움을 받던 의로운 롯을 건져 내셨으니 (이는 저 의로운 사람이 그들 가운데 거하며 그들의 불법 행위를 보고 들으면서 날마다 자기의 의로운 혼을 괴롭게 하였기 때문이니라.) 주께서 하나님을 따르는 자들은 시험들에서 건질 줄 아시고 또 불의한 자들은 심판의 날까지 예비해 두사 벌할 줄 아시되"(베드로후서 2:7-9). 이 구절들은 하나님의 분명한 의도를 선포하고 있습니다.

롯, 노아, 에녹, 그리고 다니엘과 같은 구약의 모형들을 통해서 우리는 교회가 대환난 기간 동안에 이 땅에 있지 않을 것이라는 진리를 알 수 있다고 나는 믿습니다. 성경기록은 다음과 같이 명백하게 하나님의 자녀들의 구원에 대해 진술하고 있습니다. "하나님께서는 우리를 진노에 이르도록 정하지 아니하시고 우리 주 예수 그리스도로 말미암아 구원을 받도록 정하셨느니라."(데살로니가전서 5:9). "그러면 이제 우리가 그분의 피로 말미암아 의롭게 되었은즉 더욱더 그분을 통해 진노로부터 구원을 받으리니"(로마서 5:9). 한편, 다음의 구절은 하나님의 자녀들에 관한 것이 아닙니다. "하나님의 진노가 불의 안에서 진리를 붙잡아 두는 사람들의 모든 경건치 아니한 것과 불의를 대적하여 하늘로부터 계시되었나니"(로마서 1:18).

모든 교회의 세대가 각기 자기들의 때를 마지막이라고 믿기를 하나님은 원하셨다고 나는 믿습니다. 마지막 때를 살고 있다고 믿는 것은 세 가지 효과를 가져다줍니다. 첫째로, 그것은 지금 우리가 하고 있는 복음을 전하는 일에 대한 긴박감을 갖게 합니다. 우리에게는 시간이 많지 않기 때문에 우리는 다음과 같은 삶의 태도를 가져야만 합니다. "모든 무거운 것과 너무 쉽게 우리를 얽어매는 죄를 우리가 떨쳐 버리고 인내로 우리 앞에 놓인 경주를 달리며"(히브리서 12:1). 우리는 우리가 해야 할 사명을 빨리 실행에 옮길 필요가 있습니다. 우리의 사명은 긴급한 것입니다. 시간이 많지 않기 때문에 우리는 복음의 메시지를 다른 사람들에게 전할 필요가 있습니다. 이제 곧 주님이 다시 오십니다!

둘째로, 그것은 우리가 물질적인 것들에 대한 올바른 관점을 가지게 해 줍니다. 이 물질적인 세상은 불에 타 버릴 것입니다. 우리는 이 물질적인 세상에 모든 것을 투자하지만, 그것들은 모두 없어질 것입니다. 예수님은 "오직 너희 자신을 위해 보물을 하늘에 쌓아 두라."(마태복음 6:20)고 말씀하셨습니다. 그분은 또한 "영원한 목적을 위해 맘몬의 불의함을 사용하라."고 말씀하셨습니다. 만일 하나님이 경제적으로 당신에게 복을 주신다면, 그것은 잘 된 일입니다. 하지만 우리는 영원한 목적을 위해 그것을 사용할 필요가 있습니다. 임박한 예수님의 재림은 영적인 것들과 이 세상의 물질적인 것들 사이에서 우리가 지혜롭게 균형을 잡도록 도와줍니다. 물질적인 이 세상은 빠르게 지나가 버리고 영원한 것들만이 지속된다는 것을 우리는 깨닫습니다. 우리는 곧 사라지게 될 단 하나의 생명을 가지고 있음을 알기에, 우리가 그리스도를 위해 행하는 것만이 지속된다는 것을 깨닫습니다. 이러한 깨달음은 우리가 적절한 관점을 가지도록 도와줍니다.

셋째로, 그것은 우리의 삶이 순결함을 유지하도록 도와줍니다. 예수님은 "그의 주인이 올 때에 그가 그렇게 하고 있는 것을 보면 그 종이 복이 있도다."(마태복음 24:46)라고 말씀하셨습니다. 나는 주님이 오셔서 내가 포르노 영화를 보거나 인터넷 상의 포르노 사이트를 돌아다니는 것을 발견하게 되기를 원하지 않습니다. 한번 상상해 보십시오! 예수님이 아무 때라도 오실 수 있다고 믿는 것은 우리가 지속적으로 순결한 삶을 살도록 도와줍니다. 주님은 오늘 오실 수도 있습니다! "그의 주인이 올 때에 그가 그렇게 하고 있는 것을 보면 그 종이 복이 있도다." 사도 요한은 다음과 같이 말했습니다. "사랑하는 자들아, 이제 우리는 하나님의 아들들이니라. 우리가 앞으로 어떻게 될지는 아직 나타나지 아니하였으되 그분께서 나타나시면 우리가 그분과 같게 될 줄 아노니 이는 우리가 그분을 지금 계시는 그대로 볼 것이기 때문이라. 그분 안에서 이 소망을 가진 자마다 그분께서 순결하신 것 같이 자기를 순결하게 하느니라."(요한일서 3:2-3). 그것은 우리에게 순결하게 하는 소망을 줍니다. 그것이 바로 내가 임박한 예수 그리스도의 재림을 끝까지 믿고 타협하지 않는 것이 중요하다고 믿는 이유입니다.

나는 주님이 오셔서 그분과 함께 있을 수 있도록 나를 낚아채어 가시기를 기대하고 있습니다. "그러므로 너희가 앞으로 일어날 이 모든 일을 피하고 사람의 아들 앞에 서기에 합당한 자로 여겨지도록 항상 기도하며 깨어 있으라."(누가복음 21:36). 그것이 나의 기도이며, 거기에 있는 것이 나의 기대하는 바입니다. 정말로 신나는 일은 그것이 아무 때라도 일어날 수 있다는 것입니다! 모든 교회의 시대에 우리가 이러한 기대감 속에서 살아가기를 주님이 의도하셨다고 나는 믿습니다.

우리의 위대하신 하나님과 구세주 예수 그리스도의 영광스러운 나타나심에 대한 소망이 교회에 부흥을 가져다주시기 위해 하나님이 사용하셨던 불꽃이라고 나는 믿습니다. 우리에게 시간이 많지 않다는 사실이 오늘날 부흥에 불을 붙이고 있는 바로 그것입니다. 주님은 곧 오십니다. 사도 바울이 말한 것처럼 우리는 바로 그 끝부분에서 살고 있습니다. "또한 때를 알거니와 지금이 우리가 잠에서 깨어야 할 바로 그때이니 이는 지금 우리의 구원이 우리가 믿었을 때보다 더 가까이 있기 때문이라."(로마서 13:11).

우리가 이 복된 소망을 끝까지 붙잡고 그것을 모든 사람들에게 전할 수 있도록 하나님이 도우시기를 기도합니다. 이는 사람들이 다음과 같이 살도록 하게 하려는 것입니다.

1) 온전하게 예수 그리스도를 위해 사는 일이 얼마나 긴급한가를 그들이 알 수 있도록
2) 그들이 무거운 것과 너무 쉽게 우리를 얽어매는 이 세상 것들에 대한 올바른 우선 순위를 가질 수 있도록
3) 그분이 아무 때라도 오실 수 있음을 알고 그들의 마음과 삶을 순결하게 유지할 수 있도록

그분이 오실 때, 나는 그분을 만나기 위해 깨어서 준비하기를 원합니다. 나는 나를 방해하거나 침륜에 빠뜨리는 어떤 일도 하고 있기를 원치 않습니다. 나는 나의 주님을 위해 준비하기를 원합니다! 나는 우리가 이 휴거의 가르침을 선포하고 사람들로 하여금 주님을 소망하며 깨어 있도록 돕는 일이 매우 중요하다고 믿습니다. 왜냐하면 이러한 것이 없다면 오늘날 이 세상에서 우리가 어떤 소망을 가지겠습니까? 우리는 더 좋은 날이 이제 곧 온다는 이 진리에 사람들이 집중하도록 계속해서 도울 필요가 있습니다. 준비하십시

오! 주님은 그분의 백성을 위해 오고 계시며, 그분은 그분과 함께 있도록 우리를 데려가실 것입니다.

제 9 장

성령으로 시작하여

"우리는 어떤 일이 우리 자신에게서 난 것으로 생각할 만큼 능력이 있지 아니하며 오직 우리의 능력은 하나님에게서 나느니라. 그분께서 또한 우리를 새 상속 언약의 유능한 사역자로 삼으시되 율법 자구의 사역자가 아닌 영의 사역자로 삼으셨나니..."(고린도후서 3:5-6).

갈보리채플은 성령에 의해 시작된 사역입니다. 모든 새롭고 위대한 하나님의 운동은 성령으로부터 시작됩니다. 교회 역사와 다양한 하나님의 위대한 운동들을 살펴보면, 그것들이 모두 성령으로부터 시작되었음을 발견하게 됩니다. 하지만 그러한 하나님의 운동들이 역사적으로 성령으로 시작되어 육체로 완전해지려고 애를 쓰는 것처럼 보입니다. 이것은 교회 역사에서 반복되는 순환 주기인 것처럼 보입니다. 한때는 성령 안에서 살아 있었던 운동들이 의식주의로 죽게 됩니다.

의식주의는 틀에 박힌 생활에 불과하며, 이러한 틀에 박힌 생활과 죽음의 유일한 차이는 그것의 길이와 깊이입니다. 우리는 시체가 여전히 숨을 쉬도록 만들기 위해 고안된 생명 유지 장치에 교회의 에너지가 들어가는 것을 봅니다. 그리고 교회의 전체적인 목적은 그 운동이 사그라지도록 내버려 두지 않는 것에 집중되는 것처럼 보입니다. 만일 어떤 프로그램이 스스로 살아남을 수 없다면, 가장 은혜로운 해결책은 그것이 없어지도록 내버려 두는 것이라고 우리는 믿습니다.

사사기에서 우리는 이스라엘 자손이 계속해서 반복적으로 하나님을 배신하는 모습을 보게 됩니다. 이스라엘 자손이 주님 앞에서 어떻게 악을 행하고, 또 주님이 그들을 어떻게 대적에게 넘겨주는가를 지켜보는 것은 거의 넌더리가 날 정도입니다. 그들이 노예가 되고 나면, 사십 년쯤 후에 그들은 주께 부르짖습니다. 하나님이 그들의 부르짖음을 듣고 구원자를 보내시면, 상황은 한동안 괜찮아집니다. 하지만 이스라엘 자손은 다시 하나님 앞에 악을 행하고 다른 민족의 포로가 됩니다. 우리는 이와 동일한 순환 현상을 우리의 삶 속에서도 발견할 수 있습니다. 일이 잘 되어 가면, 우리는 태만해지는 경향이 있습니다. 그러다가도 어려움이 닥치면, 우리는 주께 부르짖습니다. 나는 사사기를 읽을 때마다 이스라엘 자손에게 화가 납니다. "어떻게 그들은 주님을 그렇게 배반할 수 있을까? 그들은 일이 어떻게 되어 가는지 정말로 모르는가? 어떤 일이 계속 반복되는지 그들은 정말로 모른단 말인가?"

교회 역사를 살펴볼 때, 이와 동일한 것을 많이 보게 됩니다. 하나님은 새로운 운동을 일으키십니다. 그것은 성령으로부터 시작됩니다. 거기에는 흥분과 부흥이 있습니다. 거기에는 강력한 성령의 역사가 있습니다. 하나님이 존 웨슬리와 마틴 루터와 같은 사람들을 사용하셨을 때 일어났던 몇몇 현대의 운동들을 생각해 보십시오. 성령의 능력과 기름부음이 그들의 삶에 임했다는 것은 명백한 사실입니다. 하지만 오늘날 감리교와 루터교회를 살펴보면, 거의 예외 없이 그들은 모더니즘(modernism: 교회의 권위 또는 봉건성을 비판하며 과학이나 합리성을 중시하고 널리 근대화를 지향하는 것-두산백과 참조)으로 묶여 있습니다. 그 교회들은 성령이 결핍되어 있고, 심지어 성령의 능력과 은사를 부인하기도 합니다. 하지만 처음에 그 운동들은 성령으로부터 시작되었습니다. 그렇게 그 교회의 역사는 쇠퇴해 갑니다. 하나님은 새로운 역사를 일으키시고 새 운동을 시작하십니다. 갈보리채플은 우연히 그러한 순환 주기의 첫 번째 부분에 들게 됩니다. 하나님의 영이 역사하셨고, 지금도 역사하고 계시며, 최근에는 새로운 역사를 일으키셨습니다. 그것은 성령으로 시작되었습니다. 이는 주님이 스가랴에게 말씀하신 것과 같습니다. "힘으로 되지 아니하고 능력으로 되지 아니하며 오직 내 영으로 되느니라. 만군의 주가 말하노라."(스가랴서 4:6).

바울은 갈라디아에 있는 교회들에게 서신을 보냈는데, 이 교회들은 성령으로 시작되었지만 바울은 그들을 다음과 같이 꾸짖었습니다. "너희가 그렇게 어리석으냐? 너희가 성령 안에서 시작하였다가 이제는 육체로 완전해지고자 하느냐?"(갈라디아서 3:3). 하나님은 그분이 지도자로 택하신 사람들이 자신의 능력과 지혜가 아닌 성령님을 의지하는가를 확실히 하기 위해 무슨 일이든 하실 것입니다. 사람들을 주님의 길로 인도하기 위해 하나님이 일으키셨던 사람들, 그분이 사용하셨던 사람들을 관찰하는 것은 참으로 흥미롭습니다.

모세가 그 대표적인 예입니다. 당신은 불타는 떨기나무 이야기를 기억할 것입니다. 하나님이 그를 부르셨을 때, 모세는 다음과 같이 말하며 거절했습니다. "내가 누구이기에 파라오에게 가며 이스라엘 자손을 이집트에서 데리고 나가리이까?"(출애굽기 3:11). 모세는 다음과 같이 말했습니다. "주님, 전 자신이 없습니다. 제가 누구입니까? 저는 사십 년 동안 여기 이 광야에 있었습니다." 모세는 자신의 남은 인생을 단순히 양을 돌보면서 보내리라고 예상했을 것입니다. 그는 그것이 그의 운명이라고 생각했습니다. 그래서 주님이 그를 부르셨을 때, 그는 "제가 누구입니까? 전 자신이 없어요. 주님."이라고 대답했습니다.

이런 그가 많은 자신감을 가지고 일을 시작한 것은 참으로 흥미로운데, 주님은 그로부터 모든 방해 요소들을 제거하셨습니다. 그가 단번에 사명감을 갖게 된 것은 정말로 흥미로운 일입니다. 스데반 집사의 말에 따르면, 모세는 이스라엘을 인도하도록 하나님이 그를 선택하신 것을 이스라엘 백성이 이해할 것이라고 생각했지만, 사실상 그들은 모세가 두 번째 이스라엘 백성 앞에 나타났을 때 비로소 그를 지도자로 인정했습니다(사도행전 7장). 그것은 육체의 일과 영의 일의 차이를 잘 보여주는 예입니다. 모세는 처음에 육체의 힘으로 하나님의 일을 하려고 애를 썼지만, 자신의 힘으로는 이집트 사람 하나도 제대로 매장할 수조차 없었습니다. 하지만 그가 성령의 지도에 따랐을 때, 이집트 군대를 통째로 수장시켜 버릴 수 있었습니다.

나는 우리들 대부분이 모세의 경험에 공감할 수 있다고 생각합니다. 우리는 너무 자주 하나님의 부르심이라고 우리가 느끼는 것을 육체로 성취하기를 시작합니다. 우리는 너무 자주 육체로 시작하고 우리 자신이 성공적이지 않은 것을 발견합니다. 육체로 무엇인가를 시도하다가 실패할 때, 사람들은 종종 사막을 향해 떠나며 사역을 그만두고, 많은 경우에 돌아오지 않습니다. 그는 낙심하고 좌절하게 되는데, 이는 그가 진심으로 하나님의 부르심이라고 느꼈던 것을 그의 육체의 힘으로 성취하려고 애를 썼기 때문입니다.

모세가 바로 그와 같은 과정을 겪었습니다. 그는 마음으로 하나님의 부르심을 느꼈습니다. 그는 하나님이 그를 어떤 목적을 위해 임명하셨다는 것을 알았지만, 그 당시 사십 년 동안 사막에서 지내온 자신을 발견했습니다. 이 기간 동안 그는 하나님이 그를 통해 행하실 수 있는 것에 대한 자신감과 자부심을 잃었습니다. 그는 그가 자신이 있을 때 오히려 실패했음을 알았습니다. 하지만 모세의 거절에 대한 하나님의 답변은, "내가 반드시 너와 함께 하리라."(출애굽기 3:12)였습니다. 그것은 정말로 영광스러운 일입니다! "만일 하나님께서 우리를 위하시면 누가 우리를 대적하리요?"(로마서 8:31).

그러자 모세는 다음과 같이 대답했습니다. "그러나, 보소서, 그들이 나를 믿지 아니하며 내 음성에 귀를 기울이지 아니하리이다. 그들이 말하기를, 주께서 네게 나타나지 아니하셨다 하리이다."(출애굽기 4:1). 다시 말해서 그는 이렇게 말하고 있었습니다. "주님, 저는 신뢰를 얻지 못했습니다. 그들은 저를 믿지 않을 것입니다. 그들은 주님이 제게 말씀하시지 않았다고 말할 것입니다." 이러한 모세의 반대에 대해 하나님은 "네 손에 있는 것이 무엇이냐?"라고 물으셨습니다. 모세가 "막대기이니이다"라고 대답하자, 하나님은 "그것을 땅에 던지라"고 말씀하셨습니다. 그러고 나서 일련의 신호들을 통해 주님은 그분이 그와 함께 계심을 확신시켜 주셨습니다.

4장 10절에서 모세는 주께 다음과 같이 말했습니다. "오 내 주여, 나는 말에 능하지 못하나이다. 지금까지도 그러하였고 주께서 주의 종에게 말씀하신 이후에도 그러하오니 나는 말이 느리고 혀가 둔하나이다." 이러한 모세의 반대에 대해 하나님은, "누가 사람의 입을 만들었느냐? 누가 말 못하는 자나 귀먹은 자나 보는 자나 눈 먼 자를 만들었느냐? 나 주가 아니냐?"라고 말씀하셨습니다. 하나님은 우리의 장애를 극복할 능력을 가지고 계십니다. 그분은 처음에 우리의 입을 만드신 분입니다.

그러고 나서 13절에서 그는 또 다시 다음과 같이 말했습니다. "오 내 주여, 원하건대 주께서 보내고자 하는 자의 손을 통해 보내소서." 다시 말하면, 다음과 같습니다. "주님, 그 일을 위해 다른 사람을 구하십시오. 저는 그 일을 하고 싶지 않아요." 바로 이 지점에서 주님은 모세에게 화가 나셨고, 결국 다른 대안을 제시하셨습니다. 그분은 모세의 대변인으로 아론을 사용하셨지만, 엄연히 그것은 그분의 대안이었습니다. 애석하지만, 우리는 종종 하나님의 최선책을 놓치고, 강제로 그분이 B안을 선택하시도록 만듭니다.

나는 하나님의 직접적인 뜻과 그분의 허용적인 뜻을 믿습니다. 우리가 허락한다면 하나님이 가장 높은 수준에까지 우리를 들어 올리시고, 그 수준에서 우리를 위해 가장 좋은 것을 해 주실 것이라고 나는 믿습니다. 하지만 종종 우리는 우리가 그분의 수준에까지 올라가기 보다는 강제로 그분을 우리의 수준으로 끌어 내린다고 나는 믿습니다. 우리는 하나님을 우리의 헌신의 수준으로 끌어 내립니다.

자신감도 없고, 신뢰성도 없고, 능력도 없고, 열정도 없고, 다만 그 백성을 구원하도록 하나님의 선택을 받은 이 사람, 모세를 얻기 위해 하나님이 감수하셔야 했던 것들을 살펴보십시오.

사사기에서 이스라엘 자손이 주 앞에서 악을 행하고 우상을 섬기기 시작했을 때, 하나님은 그들을 미디안 족속의 손에 넘겨주셨습니다. 미디안 족속은 메뚜기처럼 그 땅을 뒤덮었습니다. 그들은 추수할 때가 되자마자 농작물들을 가져가 버렸습니다. 이스라엘 자손은 그들의 비참한 노예 생활로 인해 주께 부르짖기 시작했습니다. 그래서 주님은 미디안 족속에게 숨기기 위해 포도즙 틀 곁에서 밀을 타작하고 있는 기드온에게 천사를 보내셨습니다. 주의 천사가 기드온에게 말했습니다. "너는 너의 이 힘을 의지하고 가서 이스라엘을 미디안 족속의 손에서 구원할지니라."(사사기 6:14). 그러자 기드온은 다음과 같이 대답했습니다. "오 내 주여, 내가 무엇으로 이스라엘을 구원하리이까? 보소서, 내 가족은 므낫세 중에서 가난하며 또한 나는 내 아버지 집에서 가장 작은 자니이다."(사사기 6:15). 다시 말해서 기드온은 "주님, 저는 참으로 하찮은 사람입니다. 저의 집안은 가난하고, 게다가 저는 그 중에서도 가장 보잘것없는 자입니다."라고 말했습니다.

그는 자신을 실격시키고 있다고 생각했지만, 사실상 자신에게 자격을 부여하고 있었는데, 이는 그가 바로 하나님이 찾고 계셨던 그런 사람이었기 때문입니다. 하나님은 한 민족의 구원을 이룰 역량이나 능력을 자신이 가지고 있지 않으며 그로 인해 주님을 의지해야 한다는 것을 아는 사람을 사용하기 원하셨습니다. 하나님은 모세를 사용하시기 위해 그를 이 지점까지 데리고 오셔야 했습니다.

우리 자신의 능력에 자신이 없을 때, 만일 어떤 일이 이루어진다면, 그것은 주님에 의해 이루어져야 한다는 것을 우리는 압니다. 사역에 대한 하나님의 부르심을 느꼈을 때, 나는 성경 대학에 다니며 사역을 준비했습니다. 성경 대학에 다닐 당시, 나는 상급반 회장과 학생회 회장을 맡았으며, 학교를 위해 육상 경기 프로그램을 개발했습니다. 나는 정말이지 가진 것이 많다고 느꼈습니다. 사역을 시작했을 때, 나는 내가 어디에서든 성공적인 교회를 세울 수 있는 모든 자질과 경력을 갖추었다고 확신했습니다.

나는 자신감에 넘쳐 있었지만, 주님은 나로 하여금 어려움을 겪게 하셨습니다. 나는 십칠 년 동안 성공과는 거리가 먼 삶을 힘겹게 살았습니다. 나는 가족을 부양하기 위해 사역을 하면서 동시에 세속적인 일자리를 얻어 일을 해야만 했습니다. 만일 사역에 대한 소명의식이 없었다면, 나는 사역을 포기했을 것입니다. 사실상, 나는 두 번 정도 사역을 그만두려고 했지만, 그럴 때마다 주님이 나를 제자리로 데려다 주셨습니다. 이 모든 일은 나의 능력에 대한 자신감 때문에 일어나야만 했습니다.

내가 정말로 가진 것이 없다는 것을 깨닫는 자리에 그분이 나를 데리고 가실 때까지, 나는 실패를 맛보며 내 인생의 황금기를 보냈습니다. 그러고 나서 나는 성령님을 의지하기 시작했습니다. 그리고 바로 그때부터 나는 하나님이 그분의 영을 통해 일하시는 것을 지켜볼 수 있었습니다. 나는 하나님이 행하시는 일에 대한 영광을 가로채고 싶은 유혹을 받지 않았습니다. 그분은 나를 십자가로 데리고 가셔서 내 안에 있는 나 자신과 나의 야망들을 비우게 하셨습니다. 하나님이 그분의 영을 통해 일하시기 시작했을 때, 하나님이 행하실 수 있는 일들을 바라보는 것은 참으로 기쁘고 신나는 경험이 되었습니다.

많은 경우에 이와 같은 비우는 과정이 필요합니다. 기드온이 "내 가족은 므낫세 중에서 가난하며 또한 나는 내 아버지 집에서 가장 작은 자니이다."라고 말했을 때, 하나님이 찾고 계셨던 그런 사람, 즉 승리에 대한 영광이나 찬사를 자신의 것으로 취하지 않고 하나님께 돌리는 사람을 드디어 그분이 발견하셨다는 것을 그는 사실상 확언하고 있었습니다.

하나님이 기드온을 사용하셔서 미디안 족속이 패하고 흩어졌을 때, 이스라엘 사람들은 기드온에게 "당신이 우리를 다스리소서."라고 말했는데, 이에 대한 기드온의 답변은 매우 흥미롭습니다. "내가 너희를 다스리지 아니하겠고 내 아들도 너희를 다스리지 아니할 것이요, 주께서 너희를 다스리시리라."(사사기 8:22-23). 하나님은 바로 이런 사람을 찾고 계셨습니다.

하나님이 다윗 주변에 모아 주신 사람들을 살펴보십시오. 그들은 모두 빚을 지고 괴로워하며, 삶에 대해 불만을 가지고 있었습니다. 그들은 다윗에게 모여 들었고, 다윗은 그 무리의 지도자가 되었습니다. 비록 그들이 사백 명 가량 되는 불평분자들과 낙오자들의 무리였지만, 하나님은 그들을 강한 군대로 만드셨습니다.

나는 또한 하나님이 내 주변에 모아 주신 사람들을 떠올리며 그분이 사용하신 사람들을 생각하면서 빙그레 웃습니다. 그들은 다윗의 사람들과 매우 비슷한 사회적으로 버림받은 자들이었습니다. 하지만 하나님이 그들 안에서 행하신 일을 보십시오.

하나님이 예레미야를 부르셨을 때, 그는 "아, 주 하나님이여! 보소서, 나는 아이라 말을 할 수 없나이다."(예레미야서 1:6)라고 대답했습니다. 또한 예수님은 어부들과 세리를 제자로 부르셨습니다. 그분은 예루살렘에 있는 대학교에 가셔서 다음과 같이 말씀하시지 않았습니다. "자, 가말리엘, 이 학교에서 가장 똑똑하고 훌륭한 학생들이 누구입니까?" 그분은 갈릴리 바다로 가셔서 어부들을 제자로 부르셨습니다.

그러므로 하나님이 그분의 놀라운 일을 이루시기 위해 사회적으로 버림받은 자들을 사용하신 것은 갈보리채플이 처음은 아닙니다. 하지만 일단 하나님이 우리를 사용하기 시작하시면, 우리는 그분이 우리를 사용하시는 이유를 찾기 시작하는데, 이는 흥미로우면서도 다소 슬픈 일입니다. 우리는 육신적으로 완벽해지려고 노력합니다.

바울은 고린도 교인들에게 다음과 같이 말했습니다. "형제들아, 너희를 부르신 것을 보라. 부르심을 받은 자로서 육체를 따라 지혜로운 자가 많지 아니하고 강한 자가 많지 아니하며 고귀한 자가 많지 아니하도다."(고린도전서 1:26). 그는 하나님이 부르신 자들 중에 자격을 갖춘 자들이 많지 않다는 것을 주시하라고 그들에게 요청하고 있습니다. 그리고 계속해서 다음과 같이 말합니다. "그러나 하나님께서 지혜로운 자들을 당황하게 하려고 세상의 어리석은 것들을 택하시고 하나님께서 강한 것들을 당황하게 하려고 세상의 약한 것들을 택하시며 하나님께서 있는 것들을 쓸모없게 하려고 세상의 천한 것들과 멸시받는 것들을 택하시고 참으로 없는 것들을 택하셨나니"(고린도전서 1:27-28).

그러고 나서 그는 우리에게 그 이유를 제시합니다. "이것은 어떤 육체도 자신 앞에서 자랑하지 못하게 하려 하심이라."(고린도전서 1:29). 하나님의 전체적인 목적은 정말로 자격을 갖추지 못한 사람들을 선택해서 그분의 영으로 그들에게 기름을 붓는 것입니다. 그리고 나면, 그 결과는 참으로 놀랍습니다. 어떤 육체도 그분 앞에서 자랑하는 것을 그분은 원하시지 않습니다.

누가복음에 따르면, 10장에서 제자들은 그들의 삶을 통해 드러나는 하나님의 역사에 대해 기뻐하며 돌아왔습니다. 그 시각에, 그들이 그것에 대해 말하고 있을 동안 예수님은 그분의 영 안에서 기뻐하셨습니다. 그리고 다음과 같이 말씀하셨습니다. "오 하늘과 땅의 주이신 아버지여, 아버지께서 이것들을 지혜롭고 분별 있는 자들에게는 숨기시고 아기들에게는 드러내셨음을 감사하나이다. 과연 그러하옵나이다. 아버지여, 그리하심이 아버지 보시기에 좋았나이다."(누가복음 10:21). 예수님은 이러한 것들을 지혜롭고 분별 있는 자들에게는 숨기시고 단순한 사람들에게는 드러내신 것에 대해 하나님께 감사드렸습니다.

처음에는 성령으로 시작했지만, 그러고 나서 육신적으로 완벽해지려고 애를 쓰는 것은 참으로 흥미롭습니다. 몇몇 갈보리채플 목사들은 다시 학교로 돌아갔습니다. 그들의 사역이 매우 성공적이었기 때문에, 몇몇 학교들은 그들을 몹시 데려오고 싶어 했습니다. 그들은 그들의 프로그램으로부터 학위를 받은 자들로 그들을 지목하고, 그들의 사역의 성공과 결부될 수 있기를 원했습니다. 그 학교들은 그들을 몹시 데려오고 싶어 했기 때문에, 그들에게 인생 경험 학점을 제공했습니다.

그들은 몇 개의 과정을 밟고는 그들이 사역에서 거둔 성공을 근거로 학위를 받을 수 있었습니다. 이제 그 학교들은 졸업생들의 대표적인 성공의 예로 그들을 지목합니다. 일부 사역자들이 이 학위들을 받기 위해 다시 학교에 다녔는데, 이는 면접을 할 때 사람들이 항상 "어떤 학위를 가지고 있습니까?"라고 물으며, 이 때 "음, 저는 학위를 가지고 있지 않습니다."라고 말하는 것이 부끄럽기 때문입니다.

　　"어느 신학교를 나오셨습니까?"
　　"저는 신학교를 다니지 않았습니다."
　　"어느 대학교를 나오셨습니까?"
　　"음, 전 사실 고등학교 졸업장도 받지 못했습니다."

당신이 교육적인 배경을 가지고 있지 않다고 인정하는 것이 부끄러울 수도 있습니다. 어느 잡지사가 당신에 대한 기사를 쓰고, 또 올해의 특별호에 당신이 들어가게 되었다고 말할 때, 그들은 당신이 어떤 학위를 가지고 있으며 어느 대학교를 나왔는지를 알고 싶어

하는데, 이는 그들이 "자, 이분은 박사 학위를 가지고 있습니다." 라고 말할 수 있기를 원하기 때문입니다. 왜 그런지 우리는 육신적으로 완벽해지고 심지어 준비될 수 있다고 느낍니다. 우리는 성령으로 시작했고, 이러한 성공을 계속 이어갈 수 있는 유일한 방법은 성령으로 계속해 나가는 것입니다.

마태복음 11장 25절에서 예수님은 이렇게 말씀하셨습니다. "오 하늘과 땅의 주이신 아버지여, 아버지께서 이것들을 지혜롭고 분별 있는 자들에게는 숨기시고 아기들에게는 드러내셨음을 감사하나이다." 우리는 지혜로워지고 분별력을 갖게 됨으로써 하나님의 진리의 계시를 받을 수 있는 자격을 우리 자신에게서 박탈하려고 애를 쓰는데, 이는 참으로 흥미롭습니다. 예수님은 하나님 아버지께서 이 진리들을 지혜롭고 분별 있는 자들에게는 드러내지 않으시고, 오히려 아기들에게 드러내셨음을 기뻐하셨는데, 이는 그 영광이 하나님께 돌아가도록 하기 위함이었습니다.

기드온이 미디안 족속을 대항해서 싸우러 나갈 준비가 되었을 때, 그는 수적으로 크게 열세였습니다. 미디안의 군사는 최소 13만 5천 명이었고, 기드온이 소집한 군사는 3만 2천 명에 불과했습니다. 그러나 하나님은 다음과 같이 말씀하셨습니다. "너와 함께한 백성이 너무 많으므로 내가 그들의 손에 미디안 족속을 넘겨주지 아니하리니 이스라엘이 나를 대적하고 자기를 치켜세우며 말하기를, 내 손이 나를 구원하였다 할까 염려하노라."(사사기 7:2). 주님은 3만 2천 명의 군사를 가지고 그 일을 하실 수는 없다고 말씀하고 계십니다. 하나님은 일하기를 원하시지만, 그분이 하신 일에 대한 영광도 받기를 원하십니다. 그것이 바로 그분이 지혜 있는 자들을 부끄럽게 하시려고 이 세상의 미련한 것들을 사용하시는 이 유입니다. 사람들은 지켜보다가 고개를 가로 저으며 이렇게 말합니다. "이해할 수는 없지만, 하나님의 기름부음이 거기에 있어요. 그분은 분명히 그들을 사용하고 계십니다." 나는 그분이 행하기 원하시는 일들이 미련한 자들을 찾지 못해서 얼마나 자주 방해를 받는지 궁금합니다. 우리 주변에는 그분의 일을 하겠다고는 하지만 그분이 쓰실 수 없는 "잘난 사람들"이 너무 많습니다.

나는 종종 반지식인이라는 비난을 받았습니다. 심지어 갈보리채플도 반지식인으로 낙인이 찍히곤 합니다. 이 일에 대한 책임은 나에게 있다고 생각하지만, 그것에 대해 사과하지는 않습니다. 나는 교육을 믿습니다. 나 자신의 인생도 연구의 인생이었습니다. 그리고 성경은 우리에게 다음과 같이 말합니다. "너는 진리의 말씀을 바르게 나누어 네 자신을 하나님께 인정받은 자로, 부끄러울 것이 없는 일꾼으로 나타내도록 연구하라."(디모데후서 2:15). 나는 하나님이 인간 도구들을 사용하시며, 또한 그분이 사용하시는 도구들을 준비시키신다고 믿습니다. 나는 하나님의 말씀으로 준비되는 것이 중요하다고는 믿지만, 전적으로 자연적인 인본주의적 관점은 바람직하지 않다고 생각합니다. 참된 교육은 이 세상의 지혜로부터 나오지 않고, 오히려 성령으로부터 나오는 지혜와 지도에 의해 이루어집니다.

주님의 제자들이 공회 앞에 섰을 때, 사람들은 성경에 대한 제자들의 이해에 놀랐습니다. 그들은 단지 예수님과 함께 지냈을 뿐입니다. 이와 마찬가지로, 말씀 가운데 우리가 예수님과 함께 시간을 보낼 때, 우리는 사역을 준비하기 위해 우리가 필요로 하는 모든 것을 얻게 될 것입니다. 당신에게 4년제 신학교 학위나 박사 학위가 필요하지는 않습니다. 많은 경우에 이러한 것들이 복이 되기보다는 오히려 방해 거리가 될 수도 있습니다. "박사"라는 직함이 당신과 사람들 간에 벽을 만들게 되고, 이는 당신이 그들을 섬길 때 효과를 떨어뜨립니다. 그들이 "박사님"이라고 부르는 순간, 사람들은 당신을 더 높은 위치에 앉힐 것입니다. 당신은 자신을 그들 위에 있는 부류에 집어넣고, 그들은 열등감을 느끼게 됩니다. 그리고 나면 당신은 결국 그들이 공감할 수 있는 수준에서 그들을 섬기지 못하게 됩니다.

일 년에 한 번 우리는 목회자 수련회를 준비하기 위한 모임을 가집니다. 나를 비롯해서 라울 리스, 마이크 매킨토시, 그렉 로리, 스킵 하이직, 그리고 다른 여러 목회자들이 함께 모입니다. 라울과 마이크가 박사 학위를 받은 후에 우리가 가진 모임에서 모든 사람이 그들의 직함을 가지고 그들을 놀렸습니다. "라울 리스 박사"와 "마이크 매킨토시 박사." 우리는 그들을 몰아세웠는데, 우리들 가운데 한 사람이 다음과 같이 말했습니다. "자, 이제 학교에 다니며 충분한 교육도 받았으니, 교회를 관리하기 쉬운 규모로 줄일 수도 있겠네요."

나는 그것이 전형적인 모습이라고 생각했습니다. 당신은 성령으로 시작했기 때문에, 만일 육신적으로 완벽해지려고 애를 쓴다면, 당신은 하나님이 행하신 것과 행하기 원하시는 것을 방해하게 될 뿐입니다. 성령으로 시작했으니, 성령으로 계속해 나갑시다! 감사하게도 라울은 여전히 라울이고, 마이크도 여전히 마이크입니다. 그들은 자신의 한계와 무능력을 알고 있으며, 여전히 전적으로 성령님을 의지합니다.

주님은 예레미야에게 다음과 같이 말씀하셨습니다. "지혜로운 자는 자기 지혜를 자랑하지 말고 용사는 자기 힘을 자랑하지 말며 부자는 자기 재물을 자랑하지 말라. 오직 자랑하는 자는 이것 즉 자기가 깨달아 나를 아는 것과 또 내가 땅에서 인자함과 공의와 의를 집행하는 주라는 것을 자랑할지니라. 나는 이 일들을 기뻐하느니라. 주가 말하노라."(예레미야서 9:23-24). 하나님을 알고 이해하는 것이 유일하게 가치 있는 일입니다.

그것이 바로 하나님이 전적으로 자격이 없는 우리 같은 사람들을 선택하신 이유입니다. 그분은 우리를 그분의 영으로 채우시고, 이 세상을 깜짝 놀라게 만드시려고 우리를 통해 놀라운 일을 행하십니다. 우리는 왜 하나님이 우리를 사용하셨는가를 설명할 수 있는 이유를 우리 안에서 찾으려고 애를 쓰는데, 우리는 어쩌면 그토록 어리석을까요? 이는 주님과 그분이 행하신 일을 자랑하기 보다는, 다만 우리 자신을 자랑하기 위함입니다.

바울은 고린도 교인들에게 다음과 같이 말했습니다. "누가 너를 다른 사람과 구별되게 하느냐? 네가 가진 것 중에 받지 아니한 것이 무엇이냐? 이제 네가 그것을 받았을진대 어찌하여 그것을 받지 아니한 것 같이 자랑하느냐?"(고린도전서 4:7). 그렇다면 당신은 다른 사람보다 무엇을 더 많이 가지고 있습니까? 당신이 무엇을 가지고 있든지 간에, 당신은 그것을 하나님께로부터 선물로 받았습니다. 만일 그것을 받았다면, 당신은 왜 그것을 받지 않은 것처럼, 당신이 특별한 존재인 것처럼 자랑합니까?

제 10 장

사랑의 탁월함

"너희가 서로 사랑하면 이로써 모든 사람이 너희가 내 제자인 줄 알리라."(요한복음 13:35).

사랑이 없으면, 성령께서 주시는 모든 은사들과 능력들이 가치 없고 의미 없는 것들이 됩니다. "내가 사람들의 언어들과 천사들의 언어들로 말할지라도 사랑이 없으면 소리 나는 징과 울리는 꽹과리가 되고"(고린도전서 13:1). 타언어들로 말하는 것에 역점을 두며 그 은사를 성령의 충만이나 침례의 일차적인 증거로 보는 사람들이 있다고 바울은 말합니다. 그러나 만일 타언어로 말하는 사람들이 사랑이 없다면, 타언어로 말하는 것은 심벌즈나 트라이앵글을 칠 때 나는 소음에 지나지 않습니다. 그것은 소음에 불과합니다. 그것은 어떤 것의 증거도 아닙니다. 그것이 성령의 임재에 대한 일차적인 증거로 제시될 수도 있지만, 만일 사랑이 없다면, 그것은 어떤 것도 입증할 수 없습니다. 그것은 소리 나는 징과 울리는 꽹과리와 같습니다. 그것은 소음일 뿐이며, 참된 증거는 될 수 없습니다.

우리의 모든 교리적 정설과 성경에 대한 이해도 사랑이 없으면 아무 가치가 없습니다. 비록 내가 삼위일체 하나님의 신비와 하나님의 다스리심이나 인간의 책임과 같은 위대한 신비들을 이해한다 할지라도, 나에게 사랑이 없다면, 그것들은 아무 가치도 없습니다. 만일 내가 사람들 앞에 모습을 드러내고 그들이 나의 주안점을 알고 믿도록 만들기 위해 노력할지라도, 나의 교리적인 순수함은 나에게 아무 유익이 없습니다. 사랑이 없으면, 그것은 아무 가치가 없습니다.

나는 올바른 답변을 가지고 있는 것보다는 올바른 태도를 가지는 것이 더 중요하다는 결론에 도달했습니다. 만일 나의 답변들이 잘못된 것이라면, 하나님이 그분의 계시를 보여주심으로써 한 순간에 그것들을 바꾸실 수 있습니다. 하지만 태도를 바꾸는 것은 종종 일생의 시간이 걸립니다. 올바른 답변과 잘못된 태도를 가지는 것보다는 올바른 태도와 잘못된 답변을 가지고 있는 것이 더 낫습니다. 다음에 당신이 교리적인 입장이나 문제에 대해 누군가와 논쟁을 하게 될 때, 이 점을 기억하십시오.

우리에 대한 하나님의 가장 큰 뜻은 우리가 그분의 사랑을 경험하고 그것을 다른 사람들과 나누는 것입니다. 예수님은 이렇게 말씀하셨습니다. "내가 새 명령을 너희에게 주노니 너희는 서로 사랑하라. 내가 너희를 사랑한 것 같이 너희도 서로 사랑하라."(요한복음 13:34). 그것은 큰 명령입니다. 그리고 나서 그분은 다음과 같이 말씀하셨습니다. "내 명령들을 가지고 지키는 자가 나를 사랑하는 자니 나를 사랑하는 자는 내 아버지께 사랑을 받을 것이요, 나도 그를 사랑하여 그에게 나를 나타내리라."(요한복음 14:21). 그리고 사도 요한도 다음과 같이 말했습니다. "어떤 사람이 내가 하나님을 사랑하노라 하고 자기 형제를 미워하면 그는 거짓말하는 자니 자기가 본 자기 형제를 사랑하지 아니하는 자가 어찌 자기가 보지 못한 하나님을 사랑할 수 있으리요?"(요한일서 4:20). 그리고 그는 이렇게 물었습니다. "어찌 하나님의 사랑이 그 속에 거하겠느냐?" (요한일서 3:17).

요한은 그의 첫 번째 서신에서 하나님의 명령을 지키는 것에 대해 말합니다. 그렇다면 우리가 그분으로부터 들은 명령은 무엇입니까? 그것은 바로 우리가 서로를 사랑해야 한다는 것입니다.

우리가 어떤 공동체나 소그룹을 섬길 때, 그것이 가정성경공부이거나 만 명 정도 모이는 교회이거나, 주된 주제들 가운데 하나가 사랑이라는 것을 확실하게 할 필요가 있습니다. 그 사랑은 우리 자신의 행동과 태도와 삶을 통해 입증될 필요가 있습니다. 부디 모든 사람이 우리 안에 드러나 있는 그리스도의 사랑을 보게 되기를 기도합니다. 바울이 디모데에게 말한 것처럼 말입니다. "오직 너는 말과 행실과 사랑과 영과 믿음과 순결에서 믿는 자들의 본이 되라."(디모데전서 4:12). 사람들을 예수 그리스도의 동정심을 가지고 바라보며 지속적으로 이해심을 갖고 인정을 베풀려고 노력하십시오.

동정심의 핵심이 상대방을 이해하는 것임을 나는 깨달았습니다. 한번은 에스겔이 "그들이 앉은 곳에 앉고"(에스겔서 3:15)라고 말했습니다. 나는 그것이 최소한 당신의 마음으로 시도해 볼 만한 매우 좋은 것이라고 생각합니다. 남의 입장이 되어 생각해 보십시오. 그가 앉아 있는 곳에 앉아 보십시오. 그의 관점에서 그것을 바라보십시오. 우리는 항상 우리의 관점으로 어떤 상황을 바라보는데, 이제 상대방의 관점으로 그것을 바라보십시오.

때때로 매너리즘이나 혐오스러운 어떤 특징 때문에 우리를 짜증나게 하는 사람들이 있습니다. 제임스 돕슨(James Dobson) 박사에게는 학창 시절 자신이 몹시 싫어했던 친구가 하나 있었는데, 이 친구 또한 그를 싫어했습니다. 그들은 학교생활 내내 서로를 참을 수 없었습니다. 얼마 후에 돕슨 박사는 어느 행사장에서 그를 만났고, 그를 대면해야만 한다는 것을 알았습니다. 그래서 그는 그를 짜증나게 하는 것들과 그의 모습 가운데 그가 싫어하는 점들을 노트에 적었습니다. 그리고 나서 그를 만났을 때 그는 이렇게 말했습니다. "사실은 학교생활 내내 난 자네가 싫었다네. 그리고 이것이 바로 내가 자네를 싫어하는 이유들이라네." 그는 자신이 그 친구를 싫어하는 이유들을 모두 읽기 시작했습니다. 그러자 그 친구는 다음과 같이 대답했습니다. "음, 나 또한 자네를 싫어하네. 그 이유는 지금 자네가 말한 것과 같다네!" 돕슨 박사는 자신이 말한 이유들을 다시 살펴보고는 자신이 거울을 보고 있었음을 깨달았다고 말했습니다. 나는 이것이 상당히 재미있는 사실이라고 생각합니다.

우리가 우리 자신의 모습 가운데서 싫어하는 특징들이 우리가 다른 사람들의 모습 가운데서 몹시 싫어하는 것들과 같습니다. 우리는 우리 안에 있는 그런 모습들은 용납하지만, 다른 사람 안에 있는 그와 동일한 모습들은 참지 못합니다. 그것들은 우리를 짜증나게 만들고 화나게 합니다. 이해하는 것은 동정심의 매우 중요한 요소입니다.

여러 해 동안 나는 청소년 캠프를 지도하면서 휴가를 보내곤 했습니다. 그것은 내 인생에서 내가 가장 좋아하는 경험들 가운데 하나입니다. 그것들은 내가 바랄 수 있는 가장 멋진 시간들이었습니다. 나의 가족도 함께 가곤 했는데, 그들은 그곳에서 아름다운 전원을 즐길 수 있었습니다. 나의 아내 케이는 "하지만, 여보, 당신은 휴가도 얻지 못했어요."라고 말하곤 했는데, 그러면 나는 "오, 아니야, 나도 휴가를 얻었소."라고 말합니다.

청소년 캠프를 지도하다 보면 짜증나게 하는 아이들이 있는데, "앉아"라고 말을 하면 그들은 일어섭니다. "일어서"라고 말을 하면, 그들은 그 자리에 계속 앉아 있습니다. "나무에 돌을 던지지 마십시오. 그것이 나무껍질에 상처를 내고, 그 안에 벌레가 들어갈 수 있습니다. 그러니 나무에 돌을 던지지 마세요."라고 말을 하면, 당신은 예외 없이 그들이 나무에 돌을 던지는 것을 보게 될 것입니다. 그들은 항상 반역을 일으킵니다. 한번은 상담 교사가 나를 찾아와 다음과 같이 말했습니다. "목사님, 아무래도 이 아이는 다른 상담 교사에게 넘겨주는 게 낫겠어요. 제가 그 아이에게 어떤 짓을 하게 될지 자신이 없어요. 그 아이를 더 이상 참을 수가 없어요."

그래서 나는 "그 아이를 제게 보내세요."라고 말합니다. 그들은 물론 그 아이의 목 뒤덜미를 잡고 걸어와서는, "얘가 말씀드린 바로 그 아이입니다."라고 말합니다. 나는 그 아이를 한쪽에 앉게 하고는 미소를 지으며 이렇게 말합니다. "뭐 좀 마실래? 콜라, 세븐업, 사이다?" 나는 가게에 가서 그에게 줄 음료수와 막대사탕 하나를 사가지고 옵니다. 그가 처음 거기에 앉아 있을 때는 나에게 어떤 것도 말하지 않겠다고 생각하며 반항합니다. 그래서 나는 그의 방어벽을 허물기 시작합니다. 막대사탕 하나와 그의 몸속에 있는 당분이 그의 방어벽을 어떻게 허무는가는 참으로 놀랍습니다. 나는 그가 세워 놓은 벽을 허물기 시작하며 그에 대한 관심을 드러냅니다. 대화는 보통 다음과 같이 진행됩니다.

"음, 어디서 왔니?"
"블랙 캐년"
"블랙 캐년이 어디에 있지? 베르데강 옆에 있나?"
"네"
"좋아. 너 학교는 다니니?"
"네"
"음, 가족에 대해서 좀 말해 다오. 아빠는 어디에 계시니?"
"전 아빠가 없어요."
"오, 무슨 일이 있었니?"
"몰라요. 아빠는 원래 없었어요."
"흠, 힘들었겠구나."

좀 더 대화를 나누다 보면, 그의 엄마는 술집에서 일을 하며 밤마다 다른 남자를 데리고 오고, 그는 혼자 남아 있다는 것을 알게 됩니다. 밤마다 엄마를 찾아오는 남자들은 그에게 친절하지 않았고, 그는 마침내 가만히 비켜 서 있는 법을 터득하게 되었습니다. 그의 엄마도 그에게 관심을 갖고 있지 않습니다. 대화를 이어가면서 당신은 점점 이 아이에게 동정심을 느끼게 됩니다. 이 불쌍한 아이는 기회를 얻지 못했습니다. 그는 이 세상에 대한 증오와 분노의 벽을 높이 쌓았습니다. 그는 이러한 벽을 쌓는 것부터 배웠습니다. 그는 어느 누구도 그에게 가까이 오도록 허락하지 않았습니다. 그는 자신을 보호해야만 했고, 자신만이 자신을 지킬 수 있는 유일한 사람이었습니다. 이제 당신은 그를 이해하게 됩니다. 당신은 왜 그가 그런 식으로 반응하고 행동하는지를 알게 된 것입니다.

그리고 나면 나는 그 아이를 데리고 다시 상담 교사에게 가서, 이 아이의 인생에서 있었던 일을 함께 나눕니다. 그가 그 아이에게 동정심을 가질 수 있도록, 나는 그 아이에 대한 이해를 돕고 싶었습니다. 또한 나는 그 아이를 그에게 가까이 두며 그의 조력자로 만들고, 그에게 책임을 부여하고 관심을 보여주며 그를 지지해 주도록 그에게 조언했습니다. 동정심을 갖고 대하자 일주일 만에 변화가 일어났는데, 이는 참으로 놀라운 일입니다.

당신의 회중 가운데도 이와 같은 사람들이 있을 수 있습니다. 당신도 그들을 더 이상 참을 수 없을 것입니다. 하지만 그들을 이해해 볼 필요가 있습니다. 그들에 대해 알아보십시오. 그 가시가 어디에 있는지, 또한 무엇이 그들을 화나게 하는지를 알아보십시오. 당신이 그들을 이해하려고 노력한다면, 그들에 대한 동정심을 갖게 되고 진심으로 그들을 섬길 수 있게 됩니다. 당신은 동정심을 느낄 수 없는 사람들을 진심으로 섬길 수는 없습니다. 성경에서 예수님이 사람들의 필요를 아시고 "무리를 불쌍히 여기시며"와 같은 구절을 얼마나 자주 읽게 됩니까? 그분은 그들의 필요를 이해하셨습니다. 그분은 그들의 필요를 설명해 줄 누군가를 필요로 하시지 않았는데, 이는 사람 안에 있는 것이 무엇인지 그분이 아셨기 때문입니다. 이는 그분이 동정심을 가지고 계셨기 때문입니다. 그러므로 이해하려고 노력하십시오.

예수님은 제자들에게 다음과 같이 말씀하셨습니다. "너희가 나를 택하지 아니하고 내가 너희를 택하여 세웠나니 이것은 너희가 가서 열매를 맺게 하고 또 너희 열매가 남아 있게 하려 함이요."(요한복음 15:16). 그 성령의 열매는 바로 사랑입니다. 그분은 이 열매를 맺도록 당신을 택하셨습니다. 요한복음 13장 34절에서, 그분은 제자들에게 그분이 우리를 사랑하신 것처럼 서로를 사랑하라고 명령하신 후에, 계속해서 다음과 같이 말씀하십니다. "너희가 열매를 많이 맺으면 내 아버지께서 영광을 받으시나니 이로써 너희가 내 제자가 되리라. 아버지께서 나를 사랑하신 것 같이 나도 너희를 사랑하였으니 너희는 내 사랑 안에 거하라."(요한복음 15:8-9). 이제 우리는 사랑의 탁월함을 생생하게 알 수 있습니다.

제 11 장

균형 잡기

"너는 진리의 말씀을 바르게 나누어 네 자신을 하나님께 인정받은 자로, 부끄러울 것이 없는 일꾼으로 나타내도록 연구하라."(디모데후서 2:15).

갈보리채플의 중요한 특징 중 하나는 본질적이지 않은 문제들로 인해 하나님의 사람들을 나누기를 원치 않는다는 것입니다. 이것은 우리에게 확고한 신념이 없다는 의미가 아닙니다. 성경이 명확하게 말할 때, 우리 또한 반드시 그렇게 해야만 합니다. 하지만 다른 문제들에 대해서는, 논쟁이 벌어졌을 때 어느 한쪽 편의 주장을 배제하거나 선호하는 것을 방지하면서 우리는 양편의 성경적인 타당성을 인식하려고 노력합니다.

이와 같은 포괄성의 예는 성령의 사역에 관한 논란의 여지가 있는 문제에 대한 우리의 접근 방식에서 찾아볼 수 있습니다. 우리는 전형적인 오순절 계통의 관점을 받아들이지 않으며, 또한 전형적인 침례교의 관점도 받아들이지 않습니다. 이쪽이나 저쪽으로 당신의 입장을 정하는 순간, 당신은 회중의 절반을 잃게 됩니다. 왜 당신은 회중의 절반을 잃고 싶어 합니까? 가능한 한 많은 수의 사람들을 섬길 수 있게 되는 것이 우리의 바람입니다. 논란의 여지가 있는 근본적이지 않은 문제들에 대해 강경한 입장을 취하는 순간, 우리는 일부의 사람들이 소외감을 느끼도록 만들게 됩니다. 본질적인 교리에 대해서는 우리는 반드시 확고한 입장을 취해야만 합니다. 하지만 근본적이지 않은 영역에서는 사람들이 서로 다른 관점을 가질 수도 있다는 것을 우리는 인정합니다. 우리는 은혜의 정신으로 이것들을 받아들입니다. 우리는 서로 동의하지 않는 것을 인정할 수 있는데, 이러한 사실을 인식하며 하나됨과 사랑의 정신을 유지하는 것이 중요합니다.

우리는 성령의 은사들의 타당성을 믿으며, 이러한 은사들이 오늘날에도 표현될 수 있다고 믿습니다. 하지만 우리는 성령의 은사들을 사용할 때 매우 자주 자유를 동반하는 과도함은 믿지 않습니다. 그러므로 우리는 논란을 피합니다.

만일 누군가 방언으로 말하기를 원한다면, 하나님께 그분에 대한 사랑과 찬양과 기도를 전달하는 것을 도울 수 있는 개인적인 장소와 시간에 그렇게 하기를 권합니다. 우리는 고린도전서 14장을 성경적인 본보기로 봅니다. 우리는 방언하는 것이 성령 침례의 일차적인 증거라고 주장하지 않습니다. 우리는 방언으로 말하는 것보다 더 신뢰할 만한 다른 증거들이 있다고 믿습니다. 바울은 다음과 같이 말했습니다. "내가 사람들의 언어들과 천사들의 언어들로 말할지라도 사랑이 없으면 소리 나는 징과 울리는 꽹과리가 되고"(고린도전서 13:1). 우리는 방언을 성령 침례의 일차적인 증거로 강조하지 않고, 오히려 성령의 열매인 사랑을 구합니다. 그렇게 하면서 우리는 굳건한 성경적 기초 위에 서는 동시에 사람들이 방언의 은사를 받도록 격려할 수 있다고 나는 믿습니다.

바울이 설명한 것처럼, 당신은 개인적인 기도 시간과 경건의 시간에 주께 노래하며 방언의 은사를 사용할 수 있습니다. "내가 알지 못하는 언어로 기도하면 나의 영이 기도하거니와 나의 이해하는 것은 열매를 맺지 못하느니라. 그러면 어찌하리요? 내가 영과 함께 기도하고 또 이해하면서 기도하며 내가 영과 함께 노래하고 또 이해하면서 노래하리라. 그렇지 않으면 네가 영으로 축복할 때에 배우지 못한 처지에 있는 자가 네가 무슨 말을 하는지 이해하지 못하므로 어찌 네가 드리는 감사에, 아멘, 하리요?"(고린도전서 14:14-16). 만일 어떤 공중 모임에서 누군가 통역자도 없이 방언을 한다면, 배우지 못한 처지에 있는 사람이 어떻게 그것을 이해하겠습니까? 당신은 물론 하나님을 찬양하고 있지만, 그것이 다른 사람들에게 덕이 되지는 않습니다. 우리는 모든 일을 품위 있고 질서 있게 할 필요가 있습니다. 이 영역에서 우리는 오순절 계통의 범주에 들어가지도 않고, 오늘날 성령의 은사의 어떠한 유효한 경험도 부인하는 사람들의 범주에도 들어가지 않습니다.

논란의 여지가 있는 문제들에 관해 균형을 유지하는 또 다른 예는 바로 칼빈주의에 대한 우리의 접근 방식입니다. 이것은 사람들이 매우 감정적인 태도를 취하는 영역입니다. 우리는 칼빈주의자(Calvinist)도 아니고 아르미니우스주의자(Arminian)도 아닙니다.

우리는 믿는 자의 구원의 안전을 믿습니다. 우리는 당신이 화를 냈 거나 거짓말을 했기 때문에 구원을 잃을 수도 있으며, 그로 인해 다음 주일 밤에 회개하고 다시 구원받기 위해 앞으로 나갈 필요가 있다고 믿지 않습니다.

우리는 믿는 자의 구원의 안전을 믿지만, 또한 "성도의 견인" (perseverance of the saints)을 믿습니다. 우리는 당신이 성도이기 때문에 반드시 인내할 것이라고 믿지 않으며, 당신이 성도이기 때문에 인내할 필요가 있다고 믿습니다. 예수님은 다음과 같이 말씀하셨습니다. "너희가 내 말에 거하면 참으로 내 제자가 되고"(요한복음 8:31), "사람이 내 안에 거하지 아니하면 가지처럼 버려져서 시드나니 사람들이 그것들을 모아 불 속에 던져 태우느니라. 너희가 내 안에 거하고 내 말들이 너희 안에 거하면 너희가 원하는 바를 구하라. 그러면 그것이 너희에게 이루어지리라."(요한복음 15:6-7). 예수님 자신이 바로 사람이 그분 안에 거하지 않을 가능성을 지적하신 분입니다. 그러므로 우리는 한쪽 편을 들어 칼빈주의를 밀어붙이기 보다는 균형 잡힌 입장을 취하려고 노력합니다. 이런 근본적이지 않은 문제들에 대해 강경한 입장을 취한다면, 당신은 당신의 교회에 속해 있는 감리교, 나사렛교, 다른 아르미니우스의 영향을 받은 교파들을 모두 잃게 될 것입니다. 왜 당신은 그렇게 하기를 원합니까?

믿는 자의 영원한 안전은 기껏해야 논란의 여지가 있는 문제입니다. 양편의 주장이 맞서고 있는 성경 구절들이 있습니다. 예를 들어, 요한복음 3장 16절에서 "누구든지 그를 믿는 자는"이란 무엇을 의미합니까? 그것은 누구든지 구원받을 수 있다는 것을 의미합니까? 나에게는 그것을 의미하는 것처럼 보입니다. 그래서 우리는 제한된 속죄라는 강경한 칼빈주의 입장을 취하지 않는데, 이는 예수님이 모든 사람을 위해 죽지 않았고 그분을 믿는 자들만을 위해 죽으셨다고 주장하기 때문입니다. 우리는 그분을 믿는 것이 인간의 선택이나 책임과 전혀 상관이 없고, 다만 전적으로 하나님의 절대적인 선택이라는 주장을 받아들이지 않습니다. 이러한 입장에 따르면, 하나님이 누군가는 구원을 얻도록 예정하셨지만, 누군가는 구원을 받을 수 없도록 예정하셨습니다. 만일 하나님이 당신이 구원 받을 수 없도록 예정하셨다면, 이 얼마나 지독한 운명입니까! 우리가 할 수 있는 것은 아무것도 없습니다. 이것은 자유로운 도덕적 기능에 대한 부정입니다. 그 대신에, 우리는 하나님이 우리에게 선택의 능력을 주셨다고 믿습니다. 그분이 우리에게 선택의 능력을 주신 이유는 그분을 향한 우리의 사랑이 의미 있고 참된 것이 되도록 하기 위함입니다. 이것이 바로 우리가 취한 균형 잡힌 입장입니다.

갈보리채플을 항상 밀쳐 두려고 애쓰는 사람들이 있습니다. 당신은 구원의 영원한 안전을 믿습니까? 나는 다음과 같이 대답합니다. "네, 물론 나는 구원의 영원한 안전을 믿습니다. 내가 그리스도 안에 거하는 한 나는 영원히 안전합니다." 이제, 이의를 제기합니다. 만일 당신이 그리스도 안에 거하지 않는다면, 당신은 안전합니까? 예수 그리스도 밖에서 당신은 안전을 보장 받을 수 있습니까? 나는 예수 그리스도 밖에 있는 어떠한 구원의 안전도 알지 못합니다. 다만 내가 그분 안에 거하는 한, 내가 낙오되지 않도록 그분이 나를 지켜 주실 것을 나는 믿습니다. 그분은 그분의 영광의 임재 앞에 우리를 흠이 없는 자로 서게 하실 것입니다. 어느 누구도 그분의 손에서 나를 빼앗을 수 없습니다. 나는 그것을 믿으며, 또한 하나님이 주시는 구원의 안전을 경험합니다.

너무나 자주 이러한 문제들은 결국 의미론의 문제가 되어 버립니다. 사람들은 몇 개의 단어들의 해석을 놓고 결국 분열되고 맙니다. 갈보리채플에서 소그룹을 지원하는 일에 매우 헌신적이었던 직원이 한 사람 있었습니다. 그는 많은 사람들을 그리스도에 대한 믿음으로 인도했습니다. 하지만 불행히도 우리는 그와 이별을 고하게 되었고, 이것이 그에게 너무 쓰라린 경험으로 남아 그는 지금 "익명의 근본주의자들"이라는 집단에 속해 있습니다. 이제 그는 성경에 근거한 예수 그리스도에 대한 믿음을 버릴 것을 사람들에게 적극적으로 권하고 있습니다.

그는 구원을 받았습니까? 사실상, 그는 그리스도의 적입니다. 만일 내가 아르미니우스주의자라면, 나는 그가 타락했다고 말할 것입니다. 한편, 만일 칼빈주의 입장에서 그를 묘사한다면, 그는 결코 구원 받은 적이 없다고 나는 말할 것입니다. 둘 다 동일한 사람을 묘사하고 있지만, 그를 묘사하는 용어들은 분열을 초래합니다.

우리는 이러한 사실을 인식합니다. 그 사람은 예수 그리스도를 거절했습니다. 그것은 명백한 사실입니다. 그가 타락했을까요, 아니면 과연 그가 구원을 받았을까요? 만일 그가 결코 구원 받은 적이 없다고 말한다면, 나의 구원의 안전은 어디에 있을까요? 내가 구원 받은 것을 나는 어떻게 알 수 있을까요? 그는 구원 받은 자의 특징을 가지고 있었습니다. 그는 주님을 섬기려는 열망을 가지고 있었습니다. 그는 다른 사람들을 예수 그리스도께로 인도하고자 노력했습니다. 나 또한 주님을 섬기기를 열망하고, 다른 사람들을 예수 그리스도께로 인도하기를 원합니다. 그러므로 나도 구원 받지 못했을지도 모릅니다. 그리고 그것은 나에게 더 이상 구원의 안전이 될 수 없습니다.

그러므로 보다시피 그것은 의미론의 문제입니다. 어느 개인의 주님과의 관계를 어떻게 우리가 묘사할 수 있겠습니까? 그 분열은 그를 타락했다고 묘사하느냐, 아니면 그가 결코 구원 받은 적이 없다고 말하느냐에 달려 있습니다. 만일 우리가 편을 나눈다면, 우리는 자연스럽게 분열을 초래하게 됩니다. 우리는 교회에서 회중의 절반을 내쫓게 됩니다. 이런 종류의 논쟁을 허락하게 되면, 우리는 교회를 분열시키게 됩니다.

그것이 바로 내가 이것에 대해 독단적인 입장을 취하지 않는 이유입니다. 나는 성경이 하나님의 절대 주권과 인간의 책임 둘 다를 가르친다고 믿습니다. 만일 둘 중 하나의 입장을 극도로 옹호하여 상대의 입장을 부정한다면, 당신은 성경이 둘 다를 가르친다는 문제에 직면하게 됩니다. 그러면 당신은 "어떻게 우리가 이 둘을 조화시킬 수 있을까요?"라고 물을 것입니다. 나는 굳이 이 둘을 조화시키지 않습니다. 그렇게 할 필요가 없습니다. 하나님은 나에게 그것을 요구하시지 않았습니다. 하나님은 단지 나에게 믿으라고 요구하셨습니다. 음행과 간음을 저지르며 육체를 따라 사는 사람은 종종 다음과 같이 말합니다. "내 걱정은 하지 마십시오! 난 어릴 때 빌리 그레이엄 목사의 집회에서 그리스도를 영접했소." 그는 술주정꾼이며 간음도 저질렀습니다. 하지만 그는 이렇게 말합니다. "난 예전에 구원을 받았고, 나의 구원은 항상 안전합니다! 그러니 내

걱정은 하지 마십시오." 단언하지만, 나는 그 친구를 할 수 있는 한 최대로 잡아 흔들 것입니다. 나는 육체의 일에 대해 말하는 갈라디아서 5장으로 그를 데리고 갈 것입니다. 육체의 일을 나열한 후에, 성경은 다음과 같이 선포합니다. "내가 또한 전에 너희에게 말한 것 같이 이것들에 대하여 미리 말하노니 그런 일들을 행하는 자들은 결코 하나님의 왕국을 상속받지 못하리라."(갈라디아서 5:21). 또한 고린도전후서와 에베소서를 근거로 나는 그에게 육체를 따라 살며 타락한 본성의 소욕을 따라 사는 자들이 하나님의 왕국을 상속 받지 못한다는 것을 보여 줄 것입니다.

다른 한편, 지나치게 민감한 양심을 가진 성도들이 있는데, 이들은 잘못을 저지를 때마다 구원을 잃었다고 느낍니다. 나는 하나님의 사랑에 대한 확신을 주는 성경 구절들을 그들에게 제시할 것입니다. 나는 그리스도께서 어떻게 그들을 붙잡고 계시며, 또한 어느 누구도 하나님 아버지의 손에서 그들을 빼앗을 수 없다는 것을 그들에게 보여줄 것입니다. 나는 그들에게 확신을 줄 성경 구절들을 그들에게 제시할 것입니다.

그러므로 이 문제에 관해서 내가 취하는 입장은 내가 말하는 상대의 상태에 따라 달라집니다. 나는 한쪽의 입장을 취하고 끝도 없이 그것을 논증할 수도 있습니다. 나는 이 문제의 양편에 있는 사람들과 성경 기록을 주고 받을 수도 있습니다. 나는 당신이 원하는 입장을 선택하게 하고 내가 다른 입장을 취할 수도 있습니다. 나는 당신만큼 많은 성경 기록들을 제시할 수도 있고, 당신만큼 훌륭한 논쟁을 펼칠 수도 있습니다.

그러므로 그것이 논쟁적인 문제라는 사실은 그 논쟁을 주도하는 양편이 존재한다는 것을 입증합니다. 만일 명확하고 구체적인 가르침이 존재한다면, 논쟁은 일어나지 않을 것입니다. 만일 다음과 같은 성경 구절이 없었다면, 논쟁할 일도 없었을 것입니다. "오라, 하시는도다... 목마른 자도 올 것이요, 또 누구든지 원하는 자는 값없이 생명수를 취하라, 하시더라."(요한계시록 22:17). 하지만 사실상 하나님이 우리에게 주시는 선택에 대한 명확한 가르침이 존재합니다. 그분은 우리가 선택하기를 기대하십니다. "너희가 섬길 자를 이 날 택하라."(여호수아서 24:15). "너희가 어느 때까지 두 의견 사이에서 머뭇거리려느냐? 만일 주께서 하나님이면 그분을 따르려니와 만일 바알이 하나님이면 그를 따를지니라."(열왕기상 18:21). 그러나 예수님은 제자들에게 다음과 같이 말씀하셨습니다. "너희가 나를 택하지 아니하고 내가 너희를 택하여 세웠나니 이것은 너희가 가서 열매를 맺게 하고 또 너희 열매가 남아 있게 하려 함이요."(요한복음 15:16). 이 문제에 관해서 양편의 주장이 맞서고 있고, 상대편을 배제하는 강경한 입장에 휘말리지 않는 것이 중요한데, 이는 그로 인해 당신의 회중을 분열시킬 수 있기 때문입니다.

지금 성경대학에 다니는 다른 모든 학생들처럼, 나도 이 문제와 씨름했습니다. 당시 나는 아더 핑크(Arthur W. Pink)의 *The Sovereignty of God*이라는 책을 읽고 있었습니다. 핑크는 인간이 구원의 문제에 대한 어떠한 선택권도 가지고 있지 않다고 주장했기 때문에 나는 너무 혼란스러웠습니다. 구원은 전적으로 하나님께 달려 있으며, 인간의 책임은 그것과 전혀 무관하다는 것이었습니다. 나는 그 책을 읽다가 너무 혼란스러워서 마침내 벌떡 일어나 읽던 책을 집어 들고는 방 한쪽으로 던져버렸습니다. 나는 잉크

병을 마귀에게 던져 버린 마틴 루터와 같은 심정이었습니다. 나는 "하나님, 전 도저히 이해할 수가 없어요."라고 말했습니다. 나는 심한 좌절감에 빠졌습니다. 그 때 주님은 나에게 이렇게 말씀하셨습니다. "나는 너에게 그것을 이해하라고 요구하지 않았다. 나는 다만 네가 내 말을 믿기를 요구했을 뿐이다."

그 후로 나는 안정을 찾았습니다. 나는 여전히 상반되는 두 입장을 합리적으로 설명할 수 없습니다. 나는 두 입장을 하나로 묶을 수 없는데, 이는 우리가 매우 자주 부딪히는 문제입니다. 그것은 하나의 철로와 같습니다. 두 레일이 나란히 달리고 있는데, 만일 그것들이 하나로 합쳐지면 문제가 생기게 됩니다. 그래서 비록 그것들을 화해시킬 수는 없지만, 나는 그것들 둘 다를 믿습니다. 오히려 나는 더 이상 그것들을 화해시킬 필요가 없습니다. 나는 나의 지성이라는 좁은 한계에 그것들을 짜맞출 필요 없이 다만 그것들을 믿는 것으로 만족할 수 있습니다.

나의 지성이라는 범위 안으로 하나님을 가져가려고 한다면, 우리는 좌절이라는 교훈을 얻게 될 뿐입니다. 영원을 이해하려고 해 보십시오! 무한함을 이해하려고 해 보십시오! 우주 공간의 무한함을 이해하려고 해 보십시오! 우주의 끝이 어디에 있을지 상상해 보십시오. "막다른 길. 출구 없음. 이 지점 너머에 아무것도 없음"이라는 표지판을 보기 전까지 당신은 얼마나 멀리 가야만 할까요? 하나님은 우리의 마음으로 이해되고 제한될 수 있는 것보다 훨씬 더 크시다는 것을 우리는 인식할 필요가 있습니다. 그분은 다음과 같이 말씀하셨습니다. "내 생각은 너희 생각과 다르며 내 길은 너희 길과 다르니라. 주가 말하노라. 하늘들이 땅보다 높음같이 내 길은 너희 길보다 높으며 내 생각은 너희 생각보다 높으니라."(이사야서 55:8-9). 만일 그분의 길이 우리가 찾을 수 없는 범위에 있다고 하나님이 말씀하신다면, 그것을 찾으려고 애쓰는 것은 헛수고일 뿐입니다. 그것은 우리가 찾을 수 있는 범위 밖에 있습니다.

우리는 하나님의 무한하심을 받아들일 필요가 있습니다. 나의 지성이 막다른 길에 접어드는 이러한 고비에 다다를 때, 나는 단순히 거기에 서서 나의 제한된 이해력에 짜맞출 수 없는 하나님을 다만 경배합니다.

사역을 시작하고 하나님의 말씀을 연구할 때, 하나님의 절대 주권을 말하는 성경 기록들을 접하게 될 것입니다. 그럴 때는 하나님의 절대 주권을 가르치십시오. 인간의 책임을 가르치는 성경 기록들을 만나게 될 때는 그것을 가르치십시오. 이렇게 함으로써 당신은 사람들이 균형 잡힌 영적 다이어트를 하고 있음을 확신할 수 있습니다.

제 12 장

믿음의 모험

"그러나 믿음이 없이는 하나님을 기쁘게 하지 못하나니 그분께 나아가는 자는 반드시 그분께서 계시는 것과 또 그분께서 부지런히 자신을 찾는 자들에게 보상해 주시는 분이심을 믿어야 하느니라."
(히브리서 11:6).

하나님께 일하실 기회를 드리는 것은 항상 신나는 일입니다. 하나님은 당신이 그분이 지금 하고 계시는 일의 일부가 되기를 원하십니다. 하나님은 일하기를 멈추고 싶어 하시지 않습니다. 그러므로 그분이 하시기 원하는 일을 우리가 발견하는 것이 중요합니다. 나는 하나님이 일하기 원하시는 방법이 믿음으로 모험하는 것임을 깨달았습니다. 우리는 앞으로 나아가 주님이 행하실 일을 지켜볼 필요가 있습니다. 하지만, 믿음으로 나아갈 때, 이러한 추정에 대한 감시가 있어야만 합니다. 하나님이 행하기 원하시는 일을 알아보기 위해 미리 상황을 살피는 많은 사람들이 하나님의 손이 그 안에 있지 않을 때 인간의 노력에 의지함으로써 심각한 실수를 범합니다. 때때로 우리는 무엇인가에 너무 전념한 나머지 우리의 명성이 위태롭게 되는 것처럼 보입니다. 그러면 우리는 처음부터 하나님의 뜻이 아니었던 프로그램에 남은 힘과 노력을 쏟아 붓기 시작합니다.

나는 여러 차례 모험을 시도했지만, 결국 그것이 하나님의 뜻이 아님을 발견했습니다. 그렇다면 당신은 어떻게 합니까? 후퇴하십시오. 우리를 어려움에 빠뜨리는 것은 우리가 보란 듯이 "우리는 이 일을 성공시킬 거예요."라고 말할 때입니다. 우리는 하나님의 뜻이 아닌 일을 성취하려고 애를 쓰면서 모든 힘을 쏟아 붓고 있는 우리 자신을 발견합니다. 그것은 우리를 갈기갈기 찢어 놓을 수도 있습니다. 내가 믿음으로 나아갈 때, 만일 그것이 성공한다면, 나는 기뻐하면서 "잘됐어! 주님이 날 인도하신 거야."라고 말합니다. 만일 그것이 성공하지 않는다면, 나는 한 발 물러서서 "난 그게 좋은 아이디어라고 생각했지만, 완전히 실패했어요."라고 말합니다. 그러므로 나는 믿음의 모험을 시도할 때 반드시 예방 조치를 취해야만 한다고 생각합니다.

구약의 사울의 이야기에 따르면, 그의 통치 기간 동안 그는 상비군을 만들었습니다. 그것을 둘로 나누어, 더 많은 수의 군사들은 사울이 지휘했고, 그보다 더 적은 수의 군사들은 요나단이 지휘했습니다. 당시 블레셋 군사들이 쳐들어 왔는데, 이번에는 이스라엘을 완전히 없애 버리기로 결심했습니다. 그들은 많은 수의 병력과 병거들을 모았습니다. 그들은 어마어마한 군사적 위협이었기 때문에 대부분의 이스라엘 군사들은 탈영해서 요단강 맞은편으로 도망했습니다. 이스라엘 진영에는 몇 사람 남아 있지 않았고, 그들도 두려움에 사로잡혀 있었습니다. 그러던 어느 날 밤 요나단은 한 가지 생각으로 잠에서 깼습니다. 만일 하나님이 블레셋 군사들을 이스라엘에게 넘겨주기를 원하신다면, 그분은 모든 군대를 필요로 하시지는 않습니다. 만일 하나님이 일하기 원하신다면, 그분은 단 한 명의 군사와도 십만 대군의 군사와 일하는 것처럼 쉽게 일하실 수 있습니다.

논리적인 관점에서 생각하기를 멈춘다면, 그것은 정말로 맞는 말입니다. 하나님은 모든 군대를 필요로 하시지 않습니다. 그분의 목적을 이해하고 따르는 단 한 명의 군사만으로도 충분합니다. 하나님은 단 한 사람을 통해서도 그분의 일을 성취하실 수 있습니다. 그것은 도전적이면서도 신나는 생각입니다. 이러한 생각으로 요나단은 잠에서 깨어 마침내 그의 시종을 깨우고 이렇게 말했습니다. "보라, 우리가 그 사람들에게로 건너가서 하나님이 오늘날 블레셋 군사들을 이스라엘에게 넘겨주기를 원하시는지 알아보자."

그래서 그들은 믿음으로 모험을 감행했습니다. 그것은 바로 다음과 같은 태도를 가지는 것입니다. "하나님이 오늘날 일하기를 원하시는지 알아보자. 하나님이 오늘날 무엇을 행하기를 원하시는지 알아보자." 그것은 단순히 당신 자신을 유효한 사람으로 만드는 것입니다. 하지만 요나단은 안전장치를 세웠습니다. 그들이 블레셋 진영으로 가는 도중에 그는 다음과 같이 말했습니다. "보라, 우리가 이 사람들에게로 건너가 우리 자신을 그들에게 드러내리니 그들이 만일 이같이 우리에게 말하기를, 우리가 너희에게로 갈 때까지 기다리라, 하면 우리는 우리 장소에서 가만히 서서 그들에게로 올라가지 아니할 것이요, 그들이 만일 이같이 말하기를, 우리에게로 올라오라, 하면 우리가 올라가리라. 주께서 그들을 우리 손에 넘겨주셨나니 이것이 우리에게 표적이 되리라 하고"(사무엘상 14:8-10).

그러므로 그들은 그 문제를 열어 놓았습니다. 그들은 하나님이 그들과 함께 하시므로 그들이 블레셋 군사들을 전멸시킬 것이라고 생각해서 블레셋 군사들을 주제넘게 공격하지 않았습니다. 거기에는 어느 정도의 예방 조치가 있었습니다. 만일 확실하게 알지 못한다면, 약간의 예방 조치를 취하는 것이 지혜로운 태도입니다. 성경은 믿음으로 모험을 감행한 사람들의 이야기로 가득 차 있습니다. 그들은 단순히 그들 자신을 유효한 사람으로 만들어 그분이 하고자 하셨던 일을 하실 기회를 그분께 드렸습니다.

여러 해 전에, 우리는 KWVE 라디오 방송국을 팔려고 내 놓았다는 말을 들었습니다. 당시 우리는 KYMS로 방송을 내보내고 있었습니다. 사실상 우리는 그들에게 사업을 시작할 때 필요한 재정 지원과 경제적 가시성을 제공하고 있었습니다. 그 방송국 사장은 기독교 라디오 방송을 오렌지 카운티로 가져가기 위해서 그 방송국을 샀습니다. *The Word For Today*는 원래 그 방송국의 기초 프로그램이었습니다. 그런데 주인이 바뀌면서 그들은 현대음악 구성방식으로 돌아서고 성경공부 프로그램을 없애기로 결정했습니다. 그래서 우리는 KBRT로 옮겼는데, 우리는 그들에게 극도로 높은 방송료를 지불해야 했습니다.

그 때 마침 우리는 KWVE를 팔려고 내 놓았다는 말을 들었습니다. 그래서 우리는 다음과 같이 하기로 결정했습니다. "그들에게 제안을 하고 주님이 행하실 일을 지켜보도록 합시다. 만일 우리가 그것을 얻기를 주님이 원하신다면, 그들은 제안을 받아들일 것이고, 마침내 이 일은 잘 풀릴 것입니다." 우리는 하나님께 일하실 기회를 드렸습니다. 우리는 하나님께 다음과 같이 물었습니다. "주님, 오렌지 카운티에 찬양과 성경의 가르침을 전파로 내 보낼 수 있는 라디오 방송국이 세워지기를 원하십니까? 당신은 그것을 원하십니까?"

우리는 기꺼이 모험을 감행하고 하나님께 기회를 드렸습니다. 그것은 오로지 믿음의 행위였습니다. 우리는 흥정하거나 타협하지 않기로 결심했습니다. 우리는 다만 그들에게 우리가 지불할 수 있는 가격만 제시할 계획이었습니다. 그러자 그들은 "이것에 관심 있는 다른 사람들도 있습니다."라고 말했고, 거기에 대해 우리는 "좋습니다."라고 말했습니다. 당신이 주님께 헌신되어 있을 때, 강매 전략은 통하지 않을 것입니다. 우리는 다음과 같이 기도했습니다. "주님, 만일 당신이 그것을 원하신다면, 좋습니다. 만일 원하시지 않는다면, 그것 또한 좋습니다." 마침내 그 일이 성사되어서 그들은 우리의 제안을 받아들였고, 우리는 오늘날 KWVE를 소유하고 멋진 사역을 제공하고 있습니다. 흥미롭게도, 그것은 수익을 보여주고 있으며, 우리는 그 지역에 있는 다른 종교 방송국들에게 방송 비용의 삼분의 일만 부과하고 있습니다. 우리는 동역자들의 프로그램을 훨씬 더 저렴한 가격으로 방송하고, 또한 그들에게 좋은 청취자들을 제공할 수 있습니다. 하나님은 KWVE에 복을 주셨는데, 이는 우리가 앞으로 나아가 주님께 이렇게 말씀드렸기 때문입니다. "주님, 만일 이것이 주님이 원하시는 것이라면, 우리는 믿음으로 앞으로 나아가 그러한 제안을 하겠습니다."

그런데 그 후 텔레비전 방송국 하나가 또 매물로 나왔습니다. 우리는 그 방송국에 가격을 제시했습니다. 우리는 그것을 당시 매우 널리 퍼져 있던 광신자 집단의 방송프로편성 대신에 우리가 "Representative Christianity"라고 부르는 것을 텔레비전으로 방송할 수 있는 기회로 보았습니다. 하지만 우리의 가격 제시가 수락되지 않았고, 우리는 그것을 포기했습니다. 우리는 그것을 밀어붙이지 않았고, 주님보다 앞서 나가지 않았습니다. 우리가 그것을 소유하기를 하나님이 원하셨다면, 그분은 그렇게 만드셨을 것입니다. 만일 그것을 원치 않으셨다면, 우리는 그 일을 성사시키려고 애를 쓰거나 타협하지 않을 것입니다. 그러므로 믿음으로 앞으로 나아가 하나님이 행하기 원하시는 일을 지켜보는 것은 바로 소위 말하는 "상황을 살피는 것"입니다.

몇 년 전에 우리는 그 당시 트윈 픽스 컨퍼런스 센터에 있었던 성경 대학이 사용할 더 큰 시설이 필요하다는 것을 깨달았습니다. 트윈 픽스는 학교에 기숙사를 제공하기 위해서 그 센터 전체를 필요로 했습니다. 그래서 우리는 더 이상 성경 학교와 더불어 정기적인 컨퍼런스를 계속해 나갈 수 없었습니다. 그 즈음 비스타에 있는 LA 구제 선교단 소유의 크고 아름다운 목장이 매물로 나왔습니다.

우리는 그것에 보증금을 걸었지만, 그 목장 근처에 사는 비스타 시의회의 많은 구성원들이 우리를 대항해서 대중매체 운동을 벌이기 시작했습니다. 우리는 이에 대항하지 않기로 결정하고 목장 구입을 포기했습니다. 그 때 어느 부동산업자가 신문을 통해 우리가 목장 구입을 포기했다는 공지를 보고는, 우리에게 전화를 걸어 아직은 공개되지 않은 뮤리에타 핫 스프링스의 한 명단을 우연히 얻게 되었다고 말했습니다. 우리는 직접 가서 그곳을 살펴보고는 "만일 하나님의 뜻이라면, 그것은 우리가 얻게 될 거야."라고 말하며 저렴한 가격을 제시했습니다. 그리고 마침내 우리가 그것을 얻게 되었습니다!

그런데, 흥미롭게도 우리는 여러 해 동안 갈보리채플 코스타 메사 옆에 있는 시설을 구입하고 싶어 했습니다. 원래 우리는 이 6층짜리 건물을 천 팔백만 달러에 사라는 제안을 받았습니다. 그러다가 몇 해 전에 우리는 천만 달러에 사겠다고 제안했는데, 그것에 대해 그들은 "아니에요, 그것은 그보다는 더 많은 가치가 있는 건물이에요."라고 말했습니다. 그 후 어떤 사람이 나서서 거래를 붙이더니 팔백 구십만 달러에 그 건물을 사라고 우리에게 제안했습니다. 우리는 그 즉시 제안을 받아들였고, 처음에 우리가 제안했던 가격보다 더 저렴한 가격에 그것을 구입하게 되었습니다! 우리는 정말로 그 일 가운데 역사하시는 하나님의 손길을 느꼈습니다.

그런데 흥미로운 것은 만일 우리가 그 건물을 먼저 구입했다면, 우리는 뮤리에타 핫 스프링스를 결코 살 수 없었을 것이라는 점입니다. 우리는 뮤리에타를 살 수 있는 형편이 되지 못했을 것입니다. 그래서 우리는 그 모든 과정 속에 역사하셨던 하나님의 손길을 느낄 수 있습니다. 그분은 우리가 그 부동산 둘 다를 소유하기를 원하셨고, 그와 같은 방식으로 시기 선택을 지휘하셔서 그 사무실 건물이 아주 좋은 가격에 매물로 나왔을 때는, 우리가 이미 뮤리에타에 많은 관심을 가지고 난 후였습니다. 그리하여 마침내 우리는 그 두 부동산을 소유하게 된 것입니다.

우리는 아기 걸음을 걷고 있었는데, 주님은 우리가 거인의 걸음을 내딛기를 원하셨습니다. 주님이 그 문을 열어 주시는 한 당신은 계속 앞으로 나아갑니다. 거기에는 항상 믿음의 발걸음을 내디딜 용기가 있습니다. 당신은 주님이 무엇을 행하기를 원하시는지 알아보기 위해 감히 앞으로 나아갑니다. 하지만, 만일 하나님이 그것을 원하시지 않는다면, 우리는 그분과 맞서 싸우지 않습니다. 우리는 밀어붙이지 않습니다. 우리는 조작하지 않습니다. 우리는 억지로 일을 추진하지 않습니다. 만일 그것을 하나님이 원하신다면, 그분이 예비하신 방향으로 일이 진행될 것입니다. 그 일은 순조롭게 진행될 것이며, 우리는 타협할 필요도 없을 것입니다.

그렉 로리가 월요일 밤 성경공부를 맡았을 때, 하나님은 그와 그의 사역에 정말로 복을 주시기 시작했습니다. 우리는 젊은이들이 월요일 밤마다 그리스도를 영접하기 위해서 앞으로 나오는 것을 보았습니다. 나는 그렉에게 다음과 같이 제안했습니다. "이번 여름에 퍼시픽 야외극장에서 일주일간 집회를 하는 게 어떻겠나? 좀 더 큰 장소를 빌려 하나님이 어떻게 역사하시는지 지켜봅시다. 지금 사용하는 장소는 너무 비좁으니, 퍼시픽 야외극장을 한번 알아보는 게 어떻겠나?"

그 때가 4월이었는데, 그렉은 그 일을 추진하기에 시간이 충분치 않다고 생각했습니다. "지금은 너무 늦었어요." 그렉이 말했습니다. 그래서 나는 이렇게 말했습니다. "그래도 그 장소를 빌릴 수 있는지 한번 문의해 봅시다. 더 큰 장소에서 하나님이 어떻게 역사하기를 원하시는지 지켜봅시다."

우리는 퍼시픽 야외극장에 전화했고, 때마침 여름 한 주간이 비어 있었습니다. 우리는 그 행사를 "하비스트 크루세이드"라고 부르기로 결정했습니다. 그 행사가 매우 성공적이었기 때문에 우리는 무척 기뻤습니다! 행사의 마지막 날 그들은 사실상 출입문을 잠가야 했는데, 이는 극장 안에 너무 많은 사람들이 들어왔기 때문입니다. 그들은 극장 안에 들어올 수 없는 사람들이 들을 수 있도록 극장 밖에 대형 확성기를 설치했습니다. 그것은 전율이 느껴질 정도였습니다! 이 놀라운 역사는 단순한 믿음의 발걸음에서 시작되었습니다. "하나님이 어떤 일을 행하기 원하시는지 지켜봅시다. 그분께 일하실 기회를 드립시다. 믿음으로 나아가 봅시다." 우리는 몇 달러를 잃을 수도 있었지만, "모험하지 않으면 아무것도 얻을 수 없다"는 옛말을 실감했습니다.

믿음으로 나아가는 또 다른 본보기는 구약성경에서 찾아볼 수 있는데, 이는 사마리아 성이 시리아 군에게 포위당했을 때 일어났습니다. 당시 사마리아 성의 상황이 너무 나빠져서 사람들은 나귀 머리 하나를 은 여든 개에 팔고 비둘기 똥 사분의 일 갑을 은 다섯 개에 팔았습니다. 그리고 여인들은 인육을 먹기 시작했습니다. "이스라엘 왕이 성벽 위로 지나갈 때에 한 여인이 그에게 외쳐 이르되, 오 내 주 왕이여 도우소서 하매 왕이 이르되, 주께서 너를 돕지 아니하시면 내가 어디에서 나는 것으로 너를 도우랴? 창고 마당에서 나는 것으로 하랴? 아니면 포도즙 틀에서 나는 것으로 하랴? 하고 또 그녀에게 이르되, 너를 괴롭게 하는 것이 무엇이냐? 하니 그녀가 응답하되, 이 여인이 내게 말하기를, 네 아들을 내라. 우리가 오늘 그를 먹고 내일은 내 아들을 먹으리라, 하매 이에 우리가 내 아들을 삶아 먹었나이다. 다음 날 내가 그녀에게 이르되,

네 아들을 내라. 우리가 그를 먹으리라, 하였으나 그녀가 자기 아들을 숨겼나이다, 하니라. 왕이 그 여인의 말을 듣고 자기 옷을 찢으니라. 그가 성벽 위로 지나갈 때에 백성이 보니, 보라, 왕이 그의 속살에 굵은 베를 입었더라. 그때에 왕이 이르되, 이 날 사밧의 아들 엘리사의 머리가 그의 몸에 붙어 있으면 하나님께서 내게 벌을 내리시고 더 내리시기를 원하노라 하니라."(열왕기하 6:26-31). 이스라엘 왕은 자신의 문제에 대해 하나님을 원망하고 있었습니다.

엘리사는 아주 흥미로운 대언자였습니다. 그는 놀라운 영적 통찰력을 가졌으며, 하나님과 매우 친밀한 교제를 나누고 있었습니다. 심지어 하나님이 그에게 무엇인가를 보여주시지 않을 때 그는 놀랐습니다. 나의 경우 어쩌다가 한 번 하나님이 나에게 무엇인가를 보여주시는데, 그럴 때 나는 항상 놀랍니다. 사실 난 신이 날 정도입니다! 이런 일은 우리 인생에서 겨우 몇 번 일어납니다. 하지만 엘리사는 그것에 정통해 있었기 때문에 오히려 하나님이 그에게 무엇인가를 미리 보여주시지 않으면 놀랐습니다.

왕이 사람을 보내었으나 그 사자가 엘리사에게 이르기 전에, 엘리사는 장로들과 함께 자기 집에 머무르며 다음과 같이 말했습니다. "너희는 살인한 자의 이 아들이 내 머리를 취하려고 사람을 보낸 것을 보느냐? 보라, 사자가 오거든 문을 닫고 그를 문에서 굳게 잡아 두라. 그의 주인의 발소리가 그의 뒤에서 나지 아니하느냐? 하고 아직 그들과 이야기할 때에, 보라, 그 사자가 그에게 내려오니라. 그가 이르되, 보라, 이 재앙이 주에게서 왔으니 어찌 내가 주를 더 기다리리요? 하니라."(열왕기하 6:32-33). 왕은 이스라엘의 고통을 엘리사의 탓으로 여겼습니다. 하지만 사실상 그것은 이스라엘의 왕이 바알을 숭배했기 때문이었습니다.

엘리사는 계속해서 이렇게 말했습니다. "주가 이같이 말하노라. 내일 이맘 때에 사마리아 성문에서 고운 밀가루 일 세아가 일 세겔에 팔리고 보리 이 세아가 일 세겔에 팔리리라." 그러자 왕을 부축하는 한 장관이 하나님의 약속을 비웃으며 말했습니다. "보라, 주께서 하늘에 창들을 내신들 이런 일이 있으리요?" 이에 대해 엘리사는 이렇게 대답했습니다. "보라, 네가 네 눈으로 그것을 볼 터이나 그것을 먹지는 못하리라."(열왕기하 7:1-2).

그 장관은 왜 하나님의 약속을 믿기 어려워했을까요? 이는 그가 인간적인 방법으로 하나님이 그것을 어떻게 행하실지를 생각했기 때문입니다. 많은 경우에, 그것이 우리가 어려움에 처하게 되는 때입니다. 우리는 하나님이 그것을 어떻게 행하실지 알 수 없습니다. 우리는 모든 것을 시도해 보고 모든 방법을 동원해 보았지만, 마침내 그것이 불가능하다는 결론에 도달할 수밖에 없었습니다. 우리는 그 장관처럼 다음과 같이 말하는 경향이 있습니다. "주께서 하늘에 창들을 내신들 이런 일이 있으리요?" 엘리사는 이에 대해 "네가 네 눈으로 그것을 볼 터이나 그것을 먹지는 못하리라."고 말했습니다. 하나님은 그분의 일을 행하시겠지만, 당신의 불신앙으로 인해 당신은 그분의 일로부터 아무 유익을 얻지 못할 것입니다.

그 이야기는 사마리아 성 밖의 쓰레기 더미에서 살던 네 명의 문둥이들과 더불어 계속됩니다. 그들은 문둥병 때문에 성 안으로 들어갈 수 없었습니다. 그들은 사람들이 버린 쓰레기에 의존해서 살아가고 있었는데, 극심한 기근으로 인해 굶주리고 있었습니다. 그들은 서로에게 말했습니다. "우리가 어찌하여 죽기까지 여기 앉아 있겠느냐? 우리가 말하기를, 도시에 들어가라라, 해도 도시 안에 기근이 있으므로 우리가 거기서 죽을 것이요, 여기 가만히 앉아 있어도 죽으리로다. 그런즉 이제 오라. 우리가 시리아 사람들의 군대에게 항복하자. 그들이 우리를 살려 두면 우리가 살려니와 그들이 우리를 죽이면 우리가 죽을 따름이라."(열왕기하 7:3-4). 그들은 믿음의 모험을 시작했는데, 그 모험은 그들이 빵 부스러기를 얻거나 아니면 그것조차도 얻지 못하리라는 소망을 전제로 했습니다.

나는 많은 교회들이 매우 어려운 처지에서도 이러한 모험을 시도하지 않는 것에 놀랐습니다. 그들은 다음과 같이 말하지 않습니다. "음, 왜 우리가 여기에 앉아서 죽기만을 기다리는 걸까? 우리도 무엇인가를 해 봅시다. 그것이 잘 될 수도 있고 그렇지 않을 수도 있지만, 만일 잘 안 된다 하더라도 문제 될 건 없어요. 어차피 우리는 죽어가고 있으니까 말이에요. 그러니 모험이라도 해 봅시다."

나는 역사를 통틀어 그와 같은 전제하에 이루어진 믿음의 모험들을 생각해 봅니다. 하나님이 무엇을 행하기를 원하시는지 누가 알겠습니까? 모험을 시도합시다. 그리고 지켜봅시다. 하나님께 기회를 드립시다. 엘리사의 이야기는 시리아 군대가 큰 군대의 소리를 들음으로써 끝이 납니다. 그들은 이스라엘 왕이 이집트 사람들을 용병으로 고용했다고 생각하고는 공황 상태에 빠졌습니다. 그들은 도망가기 시작했고, 그 즈음 네 명의 문둥이들은 첫 번째 장막에 들어갔는데, 그곳에는 저녁 식사가 차려져 있었지만 아무도 없었습니다. 그래서 그들은 그곳에서 먹고 마시고 은과 금과 의복을 가지고 나왔습니다. 그들이 다음 장막에 갔을 때도 상황은 같았습니다. 장막에는 아무도 없었고 음식으로 가득 차 있었습니다.

그들이 전리품을 가져다가 감추려 할 때, 그들 가운데 한 사람이 이렇게 말했습니다. "우리가 잘 행하지 아니하는도다. 이 날은 좋은 소식이 있는 날이거늘 우리가 잠잠하고 있도다. 만일 우리가 동틀 때까지 기다리면 어떤 화가 우리에게 임하리니 그런즉 이제 오라. 우리가 가서 왕의 집안에게 고하자."(열왕기하 7:9). 그들은 성으로 돌아가서 문지기에게 다음과 같이 말했습니다. "우리가 시리아 사람들의 진영에 이르렀는데, 보소서, 거기에 한 사람도 없고 사람의 음성도 없으며 오직 말과 나귀만 매여 있고 장막들이 그대로 있더이다."(열왕기하 7:10). 왕은 이 보고를 듣고 그것이 적의 계략이라고 판단했습니다. "왕이 밤에 일어나 자기 신하들에게 이르되, 시리아 사람들이 우리에게 행한 것을 내가 너희에게 이제 보여 주려 하노니 그들이 우리가 주린 것을 알고 있으므로 진영에서 나가 들에 숨고는 말하기를, 그들이 도시에서 나오거든 우리가 그들을 사로잡고 도시에 들어가겠다, 하였느니라, 하매"(열왕기하 7:12). 그래서 이스라엘 왕은 어느 누구도 성문 밖으로 나가지 못하게 했습니다.

나는 불신앙의 비극과 그에 따르는 대가에 대해 생각해 봅니다. 불신앙으로 인해 우리는 하나님이 풍성하게 제공해 주시는 때조차도 그것을 함께 받아 누리지 못합니다. 나는 그런 사고방식을 가지고 있는 사람들을 만나 보았습니다. 그들은 항상 그것이 일종의 계략이라고 말합니다. 그것은 너무 조건이 좋아서 사실이라고 믿을 수 없으며, 거기에는 반드시 함정이 있습니다. 그래서 그들은 하나님이 일하고 계실 때 그 일에 뛰어들기를 두려워합니다.

수년 동안 나에게 매우 큰 의미를 주었던 성경구절이 있습니다. 그것은 역대기하 14장에 있는 유다 왕 아사의 통치에 관한 이야기입니다. 그는 25세에 왕위에 올랐습니다. 그의 통치 초기에 에티오피아 사람들이 다른 나라들과 연합해서 백만 명의 군사들과 병거를 이끌고 그 땅을 침략했습니다. 아사 왕은 이에 대한 보고를 받고 주께 다음과 같이 기도했습니다. "주여, 많은 사람들로 돕든지 능력이 없는 자들로 돕든지 주께는 그것이 아무것도 아니니이다. 오 주 우리 하나님이여, 우리를 도우소서. 우리가 주를 의지하오며 주의 이름으로 이 많은 무리를 치러 가나이다. 오 주여, 주는 우리 하나님이시오니 사람이 주를 이기지 못하게 하옵소서, 하니라."(역대기하 14:11).

나는 이것을 좋아합니다. 그는 다음과 같이 말하지 않았습니다. "하나님, 저에게 계획이 하나 있는데, 주님이 그 계획에 복을 주셨으면 좋겠습니다." 그는 또한 이렇게 말하지 않았습니다. "하나님, 제가 다 생각해 놓은 게 있습니다. 우리 프로그램에 복을 주시기만 하십시오." 그는 "하나님, 제 편이 되어 주세요."라고 말하지 않았습니다. 대신에, 그는 다음과 같이 말했습니다. "하나님, 저는 당신 편에 서서 나아갑니다. 당신의 이름으로 우리가 그들과 맞서 싸우러 나아갑니다. 사람이 주를 이기지 못하게 해주십시오. 나는 가진 것이 없기 때문에 그들은 나를 이길 것입니다. 나는 아무 능력도 없습니다. 하지만, 주님, 그렇다고 달라지는 것은 아무것도 없습니다. 나는 당신의 이름으로 나아가겠습니다. 그들이 주님을 이기지 못하게 해주십시오. 그들이 나를 이길 수는 있지만, 그들이 당신을 이기지는 못하게 하십시오."

이것은 요나단이 말했던 것과 유사합니다. 하나님은 군대 전체를 필요로 하시지 않습니다. 만일 하나님이 일하기를 원하신다면, 그분은 단 한 사람만 가지고도 그 일을 행하실 수 있습니다. 이는 로마서 8장 31절에서 바울이 말한 것과 같습니다. "만일 하나님께서 우리를 위하시면 누가 우리를 대적하리요?"

하나님은 아사 왕에게 승리를 주셨습니다. 아사 왕이 돌아오고 있을 때, 주의 대언자가 그를 맞으러 나왔고, 주님은 그를 통해 다음과 같이 말씀하셨습니다. "아사와 온 유다와 베냐민아, 너희는 내 말을 들으라. 너희가 만일 주와 함께 하면 그분께서 너희와 함께 하시리라. 너희가 만일 그분을 구하면 그분을 만나려니와 너희가 만일 그분을 버리면 그분께서도 너희를 버리시리라."(역대기하 15:2). 아사 왕은 유다의 왕으로서 통치를 시작할 때 주께로부터 다음과 같은 말씀을 받았습니다. "너희가 만일 주와 함께 하면 그분께서 너희와 함께 하시리라. 너희가 만일 그분을 구하면 그분을 만나려니와 너희가 만일 그분을 버리면 그분께서도 너희를 버리시리라."

아사 왕의 통치 하에서 유다 왕국은 번성했고, 백성들은 복을 받았습니다. 하지만 통치 후반에 접어들어 그가 부유해지고 번성하고 성공했을 때, 북왕국 이스라엘은 유다를 침공하기로 결심했습니다. 그들은 예루살렘 북쪽에 요새를 건축하기 시작했습니다. 그들은 유다를 공격하기 전에 포위 작전을 세울 준비를 했습니다.

그들이 요새를 건설하는 것을 지켜보면서 아사 왕은 그들의 계획이 무엇인지를 알아차리고는 성전 보고에서 은과 금을 꺼냈습니다.

그는 북쪽으로부터 이스라엘을 공격할 시리아 군사들을 고용하기 위해 시리아 왕 벤하닷에게 그것을 보냈습니다. 시리아 군사들은 골란 고원으로부터 내려와서 이스라엘 북부를 공격하기 시작했습니다. 그러자 이스라엘 왕은 시리아 군대의 공격을 방어하기 위해서 요새를 건설하고 있던 군대를 데려다가 북쪽에 배치해야만 했습니다. 이스라엘 군대가 요새를 버리고 떠나자 유다 사람들이 나와 그 요새를 해체해 버렸습니다.

사실 결과만 본다면, 그 전략은 성공적인 것처럼 보입니다. 그것은 효과가 있었습니다. 아사 왕은 틀림없이 우쭐해 하며 자신의 훌륭한 전략을 즐겼을 것입니다. 돈이 멋진 일들을 해 낼 수 있다고 생각하며 그는 충분한 돈을 가지고 있을 때 할 수 있는 일들에 대한 찬사를 받고 있었습니다. 당신은 시리아 군사들을 고용할 수 있습니다. 그들은 용병들이며, 당신은 그들을 앞세워 자신을 보호할 수 있습니다. 이것은 정말로 대단히 성공적인 전략입니다!

그 때 대언자 하나니가 아사 왕에게 나아와 다음과 같이 말했습니다. "왕이 시리아 왕을 의지하고 주 왕의 하나님을 의지하지 아니하였으므로 시리아 왕의 군대가 왕의 손에서 피하였나이다. 이디오피아 사람들과 룹 사람들이 많은 병거와 기병을 갖춘 큰 군대가 아니었나이까? 그러나 왕이 주를 의지하였으므로 그분께서 그들을 왕의 손에 넘겨주셨나이다."(역대기하 16:7-8). 아사 왕이 어리고 힘이 없을 때, 그는 에티오피아 군대의 침공을 받는 주님을 신뢰했고, 주님은 그를 구원해 주셨습니다. 아사 왕은 그분을 신뢰했습니다. 하지만 그가 능력을 얻고 강해지자 자신의 도구들을 신뢰하기 시작했습니다. 이런 왕에게 하나니는 다음과 같이 말했습니다. "주의 눈은 이리저리 온 땅을 두루 다니며 완전한 마음으로 자신에게 향하는 자들을 위하여 자신의 강하심을 보이시나니"(역대기하 16:9). 이것이 바로 그 열쇠입니다. 주님의 눈은 그분의 마음에 합한 자들을 찾기 위해 온 세상을 이리저리 두루 살피시는데, 이는 그들을 대신해서 자신의 강하심을 보이시려고 하기 때문입니다.

대언자 하나니는 바로 하나님이 일하시기를 원한다고 말하고 있습니다. 하나님은 그분이 행하기를 원하시는 일을 가지고 계시며, 다만 그분이 바라시는 것과 조화를 이루는 사람들을 찾고 계시는데, 이는 그들을 대신해서 자신의 강하심을 보이시려고 하기 때문입니다. 그렇다면 열쇠는 하나님이 행하시기 원하는 일이 무엇인지를 발견해 내는 것입니다. 그것을 알아내는 가장 좋은 방법은 모험을 시도하는 것입니다. 한 번 시도해 보고 지켜보십시오. 아마도 하나님이 일하실 것입니다. 아마도 그분은 일하기를 원하고 계실 것입니다. 그분께 기회를 드립시다. 하지만 항상 "만일 그것이 효과가 없다면, 그것을 밀어붙이지 맙시다."라는 태도를 가지십시오. 추진하던 과제를 포기할 수도 있다는 유연성을 유지하십시오. 만일 그것이 제대로 효과를 발휘하지 않는 것이 명백하다면, 그것을 밀어붙이지 맙시다.

에스더의 이야기에서 이와 동일한 생각을 찾아볼 수 있습니다. 모르드개가 에스더에게 왕께 나아가라고 했을 때, 그녀는 이렇게 말했습니다. "무턱대고 왕께 나아가서는 안 됩니다. 반드시 왕의 부름이 있어야만 합니다. 만일 왕의 부름이 없이 왕께 나아간다면, 그것은 목숨을 내놓는 일과 같습니다." 그러자 모르드개는 다음과 같이 대답했습니다. "만일 이 칙령이 실시되면, 네가 이것을 피할 수 있다고 생각하느냐? 네가 왕후가 된 것이 이때를 위한 것이 아니겠느냐? 만일 네가 하지 않는다면, 구원은 또 다른 사람으로부터 일어날 것이다."

다시 말해서, 하나님은 그분의 일을 행하실 것입니다. 하나님은 그분의 목적을 성취하실 것입니다. 이스라엘 민족은 없어질 수 없는데, 이는 메시아가 바로 이 민족을 통해 오실 것이기 때문입니다. 당신은 하나님의 목적들이 성취된다는 확신을 반드시 가져야만 합니다. 비록 당신이 실패할지라도, 구원은 또 다른 사람으로부터 일어날 것입니다. 하나님은 그 일을 행하실 것이며, 우리는 그분이 사용하시는 그릇이 될 기회를 얻게 됩니다. 나는 그것이 바로 그와 같은 경우라고 믿습니다. 하나님은 그분이 행하기 원하시는 일을 가지고 계십니다. 그분은 그 일을 행하기 원하시고, 당신은 그 일에 참여하기를 선택할 수 있습니다. 만일 당신이 용기를 낸다면, 당신은 그분이 사용하실 그릇이 될 수 있습니다. 에스더의 경우, 왕의 부름이 없이 왕께 나아가는 것은 용기를 필요로 하는 일이었습니다. 만일 왕이 홀을 내밀지 않는다면, 그녀는 그 즉시 죽게 됩니다.

여러 해 전에 "복음 비행선"(*The Gospel Blimp*)이라는 책이 출간되었는데, 이것은 매우 전형적인 교회 프로그램에 관한 책이었습니다. 그 프로그램들은 교회 출석률을 높이려고 사람들이 고안한 것들이었습니다. 사람들이 사들일 수 있는 그 모든 교회 성장 프로그램들과 도구들과 전략들을 보게 되면 놀라지 않을 수 없습니다. 그 중의 한 가지가 바로 이 작은 비행선을 구입해서 그것 위에 초대장을 붙이는 것입니다. 그리고 나서 그것을 케이블 선에 연결하고 교회 건물 위에 띄우는 것입니다. 이는 그 교회가 거기에 있다는 것을 사람들이 알도록 하기 위한 것이었습니다. 사람들은 심지어 그것 위에 "예수님은 당신을 사랑하십니다."라는 메시지를 붙이기도 합니다.

그런데 그 비행선을 계속 높이 달아 두는 과정에서 문제가 발생하는데, 이러한 문제는 전형적인 이야기로 흘러갑니다. 마침내 폭풍이 몰아치고, 사람들은 이것이 날아가지 않도록 하기 위해 붙잡고 있느라 애를 씁니다. 그러던 와중에 사람들은 서로 다투게 되고, 그것은 결국 교회를 분열시키게 됩니다. 절반의 사람들이 다른 절반의 사람들에게 화가 나서 교회를 떠나게 됩니다. 인간의 노력은 바로 이와 같습니다! 교회에 수를 더하기는커녕 그것은 오히려 손해를 끼쳤습니다. 초기에 그것이 효과가 없다는 것을 알았을 때, 그들은 이렇게 말했습니다. "오, 하지만 우리는 이 비행선을 구입하는 데 천오백 달러를 사용했어요. 우리는 계속 그것을 띄워야만 합니다." 그들은 그것이 실수였다고 말하고 그것을 잊고 그것이 바람에 날아가 버리도록 내버려 두었어야만 했습니다. 하나님이 날려 버리기 원하시는 것에 집착하며 붙잡으려고 하지 맙시다.

여러 해 전에 나는 어느 남침례교회에서 설교하기 위해 텍사스 러벅(Lubbock)에 갔습니다. 그 교회 목사는 그들이 인위적인 수단을 동원해서 교회의 어떤 프로그램을 유지하지 않기로 결심했다고 말했습니다. 다시 말해서, 그들은 생명 유지 장치를 사용해서 죽어가는 것을 계속 붙들고 있지 않을 것입니다.

이것은 교회가 매우 자주 범하는 실수입니다. 하나님이 특정한 종류의 프로그램을 사용하시는 때가 있지만, 그러한 때는 지나갑니다. 불행하게도, 사람들이 그것을 계속 살려 보려고 애쓰는 것이 하나의 전통이 되었습니다. 사람들은 그것에 생명 유지 장치를 대고 펌프질을 하며 그것을 살리려고 합니다. 하나님의 도우심으로 우리는 인위적인 방법으로 그것들을 살리려고 애쓰는 것 대신에 그것들이 자연스러운 죽음을 맞이하도록 내버려 두는 법을 배웠습니다.

"오늘 하나님이 행하실 일을 보라."고 말하기 보다는, 그분이 행하신 일을 말하기 위해서 과거로 되돌아가야 할 때, 그것은 항상 퇴보의 신호입니다. 하나님이 과거에 행하신 일을 듣는 것 대신에, 우리가 그 일의 중요한 일부가 되는 것이 중요합니다. 우리는 우리들 스스로 하나님의 일을 경험하고 직접 볼 필요가 있습니다. 그렇지 않으면, 그것은 계속되지 않을 것입니다. 하나님의 일에 대한 경험에 관한 한, 우리는 각각의 세대를 첫 번째 세대로 만들 필요가 있습니다. 그런 방식으로 그것은 계속되고 있습니다. 하지만 기념비를 세우고 "하나님이 행하신 일과 그분이 이 사람을 어떻게 사용하셨는가를 보십시오. 하나님이 저 사람에게 어떻게 복을 주셨는가를 보십시오!"라고 말하기 시작할 때, 조심하십시오. 우리가 과거에 하나님이 행하신 일을 되새기기 위해서 기념비를 세울 때, 그것은 항상 슬프고 우울한 일인데, 이는 우리 각자가 우리 자신의 삶 속에서 생생한 하나님의 일을 경험할 필요가 있기 때문입니다.

하나님이 갈보리채플에서 토요일 밤 콘서트를 아주 멋지게 사용하시던 때가 있었습니다. 당시 토요일 밤의 콘서트는 우리가 가진 가장 훌륭한 복음전도의 도구였습니다. 토요일 밤마다 그 장소는 사람들로 꽉 들어찼습니다. 토요일 밤마다 많은 밴드들과 수백 명의 젊은이들이 예수 그리스도를 영접하기 위해 앞으로 나왔습니다. 만일 남가주에서 사람들이 가장 많이 구원받은 곳이 어디인가를 조사한다면, 갈보리채플의 토요일 밤의 콘서트라는 결과가 나올 것입니다. 하나님이 이 콘서트를 사용하시던 때가 있었지만, 이제 그 때는 지나갔습니다. 몇 년 전에 몇 사람이 토요일 밤의 콘서트를 다시 해 보고 싶다고 말했을 때, 나는 "좋아요, 해 보세요."라고 말했습니다. 하지만 그 때는 이미 지나갔습니다. 한동안 그들이 그것을 계속해 보려고 애를 썼지만, 마치 "아니야, 그 시대는 끝났어."라고 하나님이 말씀하시는 것 같았습니다. 그것이 다시 오지 않는다는 것을 의미하지는 않지만, 그것을 계속해 나가다가 서서히 생명을 잃어가는 것을 지켜보기 보다는, 그것을 취소시키는 것이 가장 좋습니다. 그것이 가버리도록 내버려 두십시오. 그것이 죽어가도록 내버려 두십시오. 그것이 계속되도록 붙잡지 마십시오.

그러므로 믿음으로 나아가십시오. 만일 그것이 효과가 있으면, 기뻐하십시오. 만일 그렇지 않으면, 다른 것을 찾아보십시오. 하나님께 기회를 드리십시오. 나는 하나님께 기회를 드리는 것을 굳게 믿습니다. 그것이 효과를 발휘할 때, 이는 영광스러운 일입니다! 하지만 그렇지 않을 때는, 나는 "음, 그것은 정말로 멋진 생각인 것처럼 보였는데, 그렇지 않아?"라고 말하며 그것을 포기할 수 없을 정도로 그것에 그렇게 깊숙이 빠져 있지 않았습니다. 그것에 당신 자신을 가두지 마십시오. 그리고 헤어 나올 수 없을 정도로 깊숙이 그것에 빠져들지 마십시오.

성령의 인도를 받고 성령을 따르기를 두려워하지 마십시오. 성령으로 시작하고 나서 육체로 완전해지려고 애쓰지 마십시오. 심지어 처음에 우리와 함께 있었던 몇몇 사람들 가운데서도 나는 이런 문제를 찾아볼 수 있습니다. 하나님은 그들의 사역에 복을 주셨지만, 불행하게도 그들은 훨씬 더 많이 조직화되었습니다. 그들은 이제 그 프로그램을 지휘하기 시작하고 있는데, 그로 인해 그들은 가장 중요한 것을 잃어버리고 있습니다. 성령으로 시작하고 나서 육체로 완전해지려고 애쓰지 마십시오. 그것은 항상 오류를 범합니다.

나는 이와 같이 믿음으로 모험을 시도한다는 비전을 가진 많은 목회자들을 우리에게 주셔서 하나님께 감사드립니다. 나는 그들이 믿음으로 모험을 감행하는 것을 지켜봅니다. 그리고 우리가 용기를 내어 앞으로 나아가 그분의 도구로 우리 자신을 내어드리며 그분이 행하기 원하시는 일을 하시도록 기회를 드릴 때, 하나님이 어떻게 복을 주시는가를 지켜보는 것은 전율이 느껴질 정도입니다. 열쇠는 바로 우리 자신을 사용하시도록 내어드리는 것입니다. 그러므로 어쩌면 주님의 눈은 그분을 향한 마음이 온전한 자들을 대신해서 그분의 강하심을 보이시려고 여전히 온 땅을 이리저리 두루 살피고 계십니다. 하나님의 뜻을 발견하고 그 안으로 뛰어드십시오. 당신의 마음이 그분의 마음과 조화를 이루게 하십시오. 그러면 당신은 하나님이 행하실 일과 또한 그분이 어떻게 복을 주시는가에 놀라게 될 것입니다.

갈보리채플의 특징들
초판 인쇄 2013. 10. 15
초판 발행 2013. 10. 17
지은이 척 스미스
옮긴이 갈보리채플 출판부
발행처 갈보리채플 극동선교회 출판부
ⓒ갈보리채플 극동선교회 출판부 2013
등록 제 13-01-15-10호
330-600 충남 천안시 대흥동
천안우체국 사서함 129호
전화 041) 557-4607
홈페이지: www.FarEastMission.org
값 7,000 원
ISBN 978-89-961879-6-7